Un Curé Picard

AU XIXME SIÈCLE

M. L'ABBÉ HACLIN

1818-1903

PAR

L'ABBÉ A. MOY, CURÉ DE CERISY-GAILLY.

Société St-Augustin, Desclée, De Brouwer et Cie

PARIS, 30, rue St-Sulpice | LILLE, 41, rue du Metz

UN CURÉ PICARD AU XIXe SIÈCLE

M. L'ABBÉ HACLIN

Un Curé Picard

AU
XIXME SIÈCLE

M. L'ABBÉ HACLIN
1818-1903

PAR

L'ABBÉ A. MOY, CURÉ DE CERISY-GAILLY.

Société St-Augustin, Desclée, De Brouwer et Cie

PARIS, 30, rue St-Sulpice | LILLE, 41, rue du Metz

DÉCLARATION DE L'AUTEUR

Je déclare que si, dans le présent opuscule, j'ai donné les qualifications de *Saint* ou de *Bienheureux*, soit à celui qui est l'objet de cette notice, soit à d'autres personnes qui n'ont point été élevées sur les autels, je n'entends le faire que dans le sens et la mesure autorisés par les décrets du Pape Urbain VIII et de la Sainte Inquisition romaine.

Je déclare, en outre, que je soumets cet humble écrit au jugement de l'autorité ecclésiastique, désavouant à l'avance, de bouche et de cœur, tout ce qui, contre ma volonté, ne serait pas conforme à l'enseignement de la Sainte Église, ma Mère, dans l'obéissance de laquelle je veux vivre et mourir.

IMPRIMATUR

Amiens, le 12 Février 1905

† LÉON, év. d'Amiens.

Cambrai, le 12 Mars 1905

J.-B. CARLIER, vic. gén.

MONSIEUR LE CURÉ,

Monseigneur se préparait à honorer d'une distinction ecclésiastique M. HACLIN, Curé de Morcourt, quand la mort enleva ce pieux et zélé Curé à la paroisse qu'il avait dirigée si heureusement pendant plus d'un demi-siècle.

C'est dire que Sa Grandeur bénit l'œuvre que vous avez entreprise, et vous loue dès aujourd'hui d'avoir écrit la biographie d'un curé exemplaire, puis précurseur avisé en ce qui concerne les œuvres paroissiales.

Je m'empresse de vous adresser l'Imprimatur que Sa Grandeur vous accorde bien volontiers, sur le rapport élogieux qui lui est fait de votre travail par Mr l'abbé Calippe, directeur au Grand Séminaire.

Votre Évêque sera heureux de parcourir l'ouvrage aussitôt après le tirage des épreuves corrigées par vos soins.

Agréez, Monsieur le Curé, les religieux sentiments de votre dévoué serviteur.

Ch. GUIGNOT,
vic. gén.

PRÉFACE

Elle n'a rien de commun, mon cher ami, la physionomie sacerdotale dont vous avez entrepris de fixer les traits dans les pages de ce livre. Et vous la faites revivre avec trop d'amour pour n'avoir pas, en racontant cette histoire, goûté une joie que connaissent bien tous ceux qui ont une idée à aimer et à répandre : ne retrouviez-vous pas dans cette âme de prêtre quelque chose de vos propres désirs, et n'étiez-vous pas bien placé pour projeter sur cette belle vie un peu de la vôtre ?

La belle vie, en effet, tout unie, mais tout à fait « couleur du temps », et si pacifique, si pleine qu'elle ferait envie à beaucoup d'entre nous ! La belle vie, — et l'admirable curé de campagne !

Dès sa jeunesse, il est en correspondance d'aspirations avec les plus grands penseurs de son temps, — avec Balzac, comme vous avez raison de le rappeler à maintes reprises, et avec Lamartine, mais aussi avec d'autres, mêlés de plus près à la vie intime et aux angoisses de l'Église, comme les Ozanam et les Veuillot, — bref, avec tous ceux qui, des points les plus divers de l'horizon social, ont fait appel au prêtre et l'ont conjuré d'être l'un des sauveurs de notre démocratie. Il est en harmonie, surtout, avec les représentants officiels et responsables du catholicisme, chargés de parler en son nom et d'en surveiller l'évolution terres-

tre : il réalise le rêve des uns, prévient les « directions » autorisées des autres ; et cela, sans effort ni
contrainte, le plus naturellement du monde, presque
sans s'en douter, tant il possède, sous l'impulsion de
l'Esprit qui renouvelle la face des choses, le sens catholique, et sait adapter doucement les vérités éternelles
aux réalités de l'heure qui passe !

Veut-on savoir ce que deviennent, pratiquement, les
idées généreuses que les meilleurs d'entre nous essaient
de répandre dans notre atmosphère intellectuelle et
morale ? Veut-on savoir comment et par quels inter-
médiaires les enseignements des Papes, — d'un Pie
IX, par exemple, et d'un Léon XIII, — peuvent devenir le salut des peuples ? Rien n'est plus facile, mon
cher ami, que de l'entrevoir — et c'est l'un de vos
mérites — dans cette histoire d'Un curé picard au
XIXme siècle.

Durant plus de cinquante ans, il ne s'est pour ainsi
dire rien fait dans l'Église, — au point de vue de
l'action apostolique, sinon au point de vue des conflits
ou des renouvellements d'idées, — qui n'ait eu sa
répercussion à Morcourt, grâce à M. l'abbé Haclin.

S'agit-il de restaurer son église ? Il ne la mutile
pas. Il a entendu les cris d'alarme de Montalembert,
suivi avec sympathie ses éloquentes réhabilitations du
moyen âge, et il travaille, lui aussi, dans son coin, à
chasser les barbares.

S'agit-il du culte ? Les luttes de Dom Guéranger
en faveur de la restauration liturgique l'ont intéressé

et touché : il est tout prêt à rétablir, dans sa vieille église, les cérémonies, la prière et le chant romains.

De nouvelles dévotions se développent ? Il contribuera, autant qu'un autre, à leur diffusion, — mais à la diffusion des « grandes » et non des « petites », de celles qui grandissent le chrétien, et non de celles qui le diminuent ou le mutilent.

Les catholiques obtiennent, — après quels efforts ! — la liberté de l'enseignement : sans perdre de temps il crée, dans sa paroisse, une école de filles.

Il y a, autour de lui, des miséreux : quand n'y en aura-t-il plus ? Il organise un Bureau de bienfaisance, et il l'organise si bien qu'en assistant les pauvres il vient, par surcroît, en aide aux ouvriers : le linge destiné aux indigents est confectionné par les fillettes de l'école, qui sont initiées ainsi à quelques-unes de leurs futures fonctions de ménagères ; et la principale ressource du Bureau de bienfaisance provient d'un champ communal loué par portions, à un prix modique, à de braves gens du pays ; et ce curé Picard est probablement le premier curé de France qui ait eu l'idée de créer des jardins ouvriers !

Il fait plus encore. Il transforme en prés admirablement plantés les marécages malsains et improductifs de la commune, perce des routes, trace le plan d'une place publique, installe même un établissement de bains, et, en même temps qu'il augmente les ressources du pays, il rend service, dans un moment difficile, à un nombre important d'ouvriers qu'il assiste ainsi par le travail.

Ce sont — vous l'avez noté avec soin, mon cher ami — de bien intéressantes initiatives. La préoccupation profondément religieuse et tout apostolique qui les a inspirées, vous l'avez soulignée aussi. Et c'est là surtout la leçon qui se dégage de tout votre livre. Les temps changent, et, avec le temps, les méthodes. Mais l'Esprit demeure ; et, quand on se laisse guider, façonner et renouveler par Lui, on a le secret de n'être pas des morts au milieu d'un monde qui ne veut converser qu'avec des vivants !

Abbé Charles CALIPPE.

INTRODUCTION

Notre Saint-Père le Pape, Pie X, écrivait dès le début de son Pontificat : « Si l'on nous demande une devise, traduisant le fond même de Notre âme, Nous ne donnerons jamais que celle-ci : Restaurer toutes choses dans le CHRIST [1]. — Le CHRIST *soit tout en tout* [2]. »

Le prêtre, le curé dans sa paroisse ne doit-il pas tenir le même langage aux fidèles ? Il n'est point l'homme d'un parti, il est l'homme de Jésus-Christ.

Et cette devise de saint Paul, que Notre Pontife bien-aimé a faite sienne, M. l'abbé Haclin s'appliqua toute sa vie à la réaliser dans son apostolat. Elle fut en quelque sorte comme la respiration et la vie même de cet apostolat.

C'est précisément la vue de cette action si intense et si soutenue de la vie du Christ dans toutes les œuvres paroissiales de M. Haclin, qui nous a poussé à essayer d'en retracer les merveilleux effets au milieu des populations qui ont été confiées à son zèle.

Nous ne nous sommes pas dissimulé que, pour retracer la vie de ce prêtre, de ce pasteur « qui agit toujours selon le cœur de Dieu », il eût fallu un talent d'écrivain qui nous manque. Notre excuse sera seu-

---

1. I *Eph.*, I, 10.
2. *Coloss.*, III, 11.

lement d'avoir mis dans ce travail tout notre cœur.

Pendant plus de dix ans, nous avons eu le bonheur de connaître d'une manière toute particulière M. l'abbé Haclin, de nous édifier de ses exemples, de profiter de ses sages conseils, d'être en maintes occasions le confident de ses pensées intimes et de suivre en lui le travail de la grâce.

Sa mort a achevé de nous le faire connaître. Bossuet n'a-t-il pas dit que « la mort révèle le secret des cœurs » ? En entourant d'un linceul le corps de ce prêtre qui n'ambitionna jamais que le regard de Dieu, elle a déchiré du même coup le voile sous lequel il essayait de cacher ses éminentes vertus, « qui allaient jusqu'à l'effusion du sang[1] ».

Des lettres qu'il n'a pas eu le temps de détruire et de bienveillantes communications venues de divers côtés, nous ont appris beaucoup de bonnes œuvres, que sa main droite laissait ignorer à sa main gauche.

Ce n'est pas qu'on doive s'attendre à rencontrer dans cette notice des choses surprenantes. Non, encore qu'il y en ait d'intéressantes et qui sortent même un peu des voies communes. Mais, est-ce déjà une chose ordinaire que de parcourir les diverses étapes d'une vie humaine d'une manière irréprochable, dans l'observation constamment régulière, dans l'accomplissement toujours exemplaire des obligations les plus nombreuses et des devoirs les plus saints ? Un illustre docteur

---

1. M. le Doyen de Rosières : Son oraison funèbre à Maucourt.

de l'Église l'a dit : « Ce n'est pas une petite chose que de demeurer toujours fidèle, même dans les petites choses ».

Dans tout le cours de sa vie, faite tout entière d'esprit de foi, de régularité, de piété douce et solide, d'abnégation, de charité et de zèle, l'abbé Haclin a pleinement réalisé cette parole des Livres saints : Je me susciterai un prêtre fidèle qui agira selon mon cœur et qui marchera toujours devant mon CHRIST[1]. *Voilà ce qui explique la fécondité de son ministère, l'affectueuse vénération dont il fut l'objet de son vivant, les louanges qui éclatèrent autour de son cercueil et de sa tombe. Voilà ce qui fait surtout l'intérêt de sa vie dans laquelle se trouvent réunies « la piété éclairée par la science, et la science animée par la piété », pour employer ici une belle parole de saint Augustin :* Scienter pius et pie sciens[2].

L'existence de ce saint prêtre fut simple, unie, sans grand éclat extérieur. Elle se partage en deux phases principales : La première comprend l'enfance, le Séminaire, la prêtrise, et les premières années de son ministère paroissial à Riencourt-Oissy-Dreuil, où nous le voyons faisant ses premières armes, et posant les jalons pour la vie pastorale qu'il va fournir ; c'est

---

1. *Livre des Rois, II, 35.*
2. *Epist. 105 ad Sixt.*

la période de Préparation. — *La deuxième s'étend depuis sa nomination à la paroisse de Morcourt jusqu'à sa mort. C'est l'épanouissement des plus belles vertus sacerdotales, du zèle le plus éclairé, que l'on puisse proposer à l'imitation du clergé et à l'admiration des fidèles. Elle apparaît comme la* période d'Action.

Et, si l'on nous demande précisément pourquoi ce titre donné à sa vie : UN CURÉ PICARD AU XIXᵉ SIÈCLE, *nous répondrons simplement que c'est parce qu'il nous a paru le mieux résumer cette vie si pleine et si fructueuse du curé de campagne ; que durant sa vie pastorale, qui a rempli les deux tiers du XIXᵉ siècle, M. Haclin a su si bien réaliser toutes les aspirations légitimes de ce siècle, pour le bonheur tant spirituel que matériel de ses paroissiens, qu'il semble à beaucoup avoir été comme un* précurseur *dans la création d'un certain nombre de ses œuvres.*

Balzac, dans un de ses meilleurs romans, Le Curé de Village, *met en scène un prêtre, qui peut passer à bon droit pour un ancêtre de M. l'abbé Haclin.*

Curé d'une paroisse rurale, Montégnac du Limousin, l'abbé Bonnet la transforme par son zèle et sa charité. Puis, il aide de ses conseils, il dirige même l'héroïne du roman dans l'exploitation intelligente de sa propriété suivant les vues de Dieu, pour le plus grand bien de son âme coupable et repentante, l'intérêt des habitants de la commune et la prospérité de la contrée tout entière. L'abbé ne met pas précisément la main à l'œuvre, il se contente d'en être le guide, le soutien. Sa part est suffisamment prépondérante pour qu'aux yeux de la population il en soit considéré comme l'unique inspirateur ; et l'opinion reconnaissante salue en lui le libérateur et le sauveur du pays. Le saint curé profite de ces bonnes dispositions pour façonner ces âmes simples de paysans dans un moule, fait de piété et de charité sociale. A la transformation de la terre il ajoute la transformation des cœurs.

Eh bien ! l'abbé Haclin fera tout cela, et plus que cela encore pour Morcourt. Il deviendra plus que l'inspirateur des travaux qui amélioreront sa paroisse, et en feront la fortune, il sera lui-même ingénieur et directeur. On le verra également créateur du bureau de bienfaisance et des jardins ouvriers.

Il y a quelques années, un curé de campagne fut décoré de la légion d'honneur, à cause des travaux agricoles effectués dans sa paroisse, pour le plus grand bien de l'agriculture et de la contrée. Oserait-on affirmer que cette décoration eût été déplacée sur la poitrine du curé de Morcourt ? Mais, il faut bien dire que jamais la pensée ne lui est venue d'avoir mérité une telle récompense pour ce qu'il considérait simplement comme un devoir accompli. Ce qu'il ambitionnait avant tout, c'était de gagner par là le cœur de ses paroissiens, et de les conduire tous à Jésus-Christ : Restaurer toute chose dans le CHRIST, afin que le CHRIST soit tout en tout, *tel était le but de sa vie de* pasteur et d'apôtre. Aussi, comme il lui fut facile de devenir auprès de ses ouailles, qui lui en fournissaient les ressources, le restaurateur de son église, l'initiateur de toutes les œuvres de piété qui portaient les âmes à Dieu, le promoteur de la création d'une école chrétienne de filles ! Toutes ces œuvres, en répandant la lumière dans les intelligences, la vertu dans les cœurs, assuraient le bonheur et le bien être de tous.

Pour arriver à tout cela, M. l'abbé Haclin n'eut qu'à suivre les lumières de sa foi, la charité de son cœur, les besoins des âmes et des corps, enfin, les aspirations légitimes de son siècle. Par là, ne se montrait-il pas vraiment un curé picard au XIXe siècle ? Du reste, nous laissons au lecteur le soin d'apprécier la justesse et l'opportunité de ce titre.

Les pages de cette vie nous les offrons à ses parents, à ses amis, à ses enfants spirituels, qui ont joui de son amitié et de ses conseils. Puissent-elles apporter à tous ceux qui les liront un enseignement salutaire, un encouragement au bien, et leur faire partager l'édification et les nobles jouissances que nous avons éprouvées nous-même en les composant !

Les soumettant avec amour au jugement infaillible de Notre Mère la Sainte Église, qui vient de béatifier le Curé d'Ars, et de le nommer Patron des curés de France, nous les déposons humblement aux pieds de

Notre-Seigneur Jésus-Christ, le prêtre par excellence, et de la Vierge Immaculée, Reine du Clergé.

En la fête de la Béatification du Curé d'Ars, 9 janvier 1905.

A. Moy.

I

PÉRIODE DE FORMATION

CHAPITRE I

SA FAMILLE

Maucourt. — Famille de M. Haclin. — Pierre
Faroux. —Un confesseur de la foi. — Vaillants
chrétiens. — M. et Mme Haclin.

CHAPITRE I

SA FAMILLE

LE voyageur qui traverse en chemin de fer les vastes plaines du Santerre est frappé par la fécondité de leur sol. Les nombreux et populeux villages qui bordent la route laissent entrevoir la richesse des industries qui alimente leur prospérité. Arrivé à la hauteur de Lihons, entre Rosières et Chaulnes, il aperçoit sur sa droite, une grande et riche campagne. Dans le lointain émergent de larges bouquets d'arbres, telle une oasis verdoyante. A travers les vergers et les jardins, on entrevoit les toits rouges et gris de quelques blanches maisons. La flèche d'un clocher qui s'élance vers le ciel domine ce paysage. C'est Maucourt.

Là habite une population tranquille, laborieuse, qui se livre aux travaux des champs.

« Les révolutions, l'esprit d'indépendance et de licence qui souffle de tous côtés, dit M. Haclin [1], ont certainement nui à la religion de ce peuple ; ces causes si puissantes de désorganisation sociale sont loin cependant d'avoir détruit la foi. Tous les habi-

---

1. *Notice sur Pierre Faroux.*

tants de Maucourt la gardent comme un héritage inaliénable. »

Tel est le village qui vit naître et grandir M. l'abbé Haclin dont nous allons essayer de retracer la vie.

« L'une des plus grandes grâces que DIEU puisse accorder à un enfant, écrit un pieux auteur[1], c'est de le faire naître de parents profondément chrétiens et sincèrement pieux. » L'abbé André Jean-Baptiste Haclin fut favorisé sous ce rapport. Sa famille est très connue à Maucourt pour le bien qu'elle y fait ; elle est environnée depuis longtemps de cette estime universelle qui se transmet comme la meilleure part d'un héritage.

Déjà dans le passé, grâce à d'heureuses et honorables alliances, cette honnête et chrétienne famille avait compté dans son sein des prêtres et des hommes distingués. C'est ce qu'écrivait à M. l'abbé Haclin, en 1869, un vénérable prêtre[2] : « Plus je réfléchis sur les documents que j'ai entre les mains sur votre généalogie, plus je demeure assuré que vous êtes un enfant de bénédiction, sorti de la famille de l'humble et habile instituteur d'Hallu,

---

1. M. l'abbé Odon. *Vie de l'abbé P. Hareux.*
2. M. l'abbé Mansart, curé de Méharicourt.

M. Camus, qui, pendant une longue et laborieuse
carrière, a formé un si grand nombre d'excellents
et distingués élèves. »

M. Haclin s'honorait de savoir sa famille alliée à
celle de M. l'abbé Faroux, originaire de Maucourt,
qui entra dans l'institut des Lazaristes, et se consacra
aux missions étrangères sur les côtes de Barbarie.
Il avait le titre de Vicaire apostolique. Déployant un
zèle héroïque au milieu des esclaves pestiférés, il
mourut martyr de sa charité dans les hôpitaux
d'Alger, en 1740.

M. l'abbé Haclin eut à cœur de perpétuer le souvenir de ce héros chrétien dans son pays natal. Il
lui fit élever à ses frais une pierre commémorative
dans l'église de Maucourt. La bénédiction de cette
pierre fut l'occasion d'une grande fête. L'évêque
d'Amiens y délégua un de ses Vicaires généraux
et le Supérieur [1] de son Séminaire.

Tout le monde applaudit à cette apothéose d'un
enfant du pays, confesseur de la foi en pays infidèle,
mort martyr de sa charité. Tous n'eurent qu'une voix
pour louer la généreuse initiative de M. l'abbé Haclin.
M. Chevalier s'en faisait le digne et reconnaissant

---

1. Le vénéré M. Chevalier, mort Assistant de l'institut des Lazaristes, et Supérieur général des Filles de la Charité.

M. L'ABBÉ ADRIEN LEGRAND

GRAND-ONCLE DE M. HACLIN

EXILÉ PENDANT LA GRANDE RÉVOLUTION

interprète lorsqu'il disait dans le toast porté à son adresse :

> Mais serais-je assez court de sens et de mémoire
> Pour oublier celui dont le cœur généreux
> Sur le marbre a gravé le jour de la victoire
> Avec le souvenir de notre bienheureux ?

Ce n'est pas seulement de l'humble instituteur d'Hallu, et surtout du glorieux Pierre Faroux que cette heureuse famille ait à s'honorer, — ce serait déjà suffisant, — il faut encore y compter M. l'abbé Adrien Legrand, né à Ercheu, grand-oncle maternel de M. Haclin. Il eut l'honneur d'être confesseur de la Foi à la grande Révolution, et dut fuir en exil. M. Haclin n'en parlait qu'avec vénération.

Au reste, dans ses aïeuls, cet héritage de foi s'était perpétué à travers toutes les générations. Nous y trouvons des actes de vertus capables des plus nobles héroïsmes. Ils ne craignent point de s'exposer aux plus grands dangers, à la mort même, pour accomplir ce qu'ils croyaient un devoir sacré. C'est ainsi que, pendant la grande Révolution, nous voyons son aïeul, André-Jean Haclin, cacher un prêtre et conserver les vases sacrés au fond d'une tonne en paille remplie de grains. Ce n'est que grâce à une protection manifeste de la divine Providence que ces vaillants chrétiens échappèrent au danger d'une visite domiciliaire.

Les parents de M. l'abbé Haclin étaient de modestes cultivateurs pleins de foi, qui, grâce à un travail opiniâtre et une sage administration, surent faire prospérer leur maison.

M. Jean-Baptiste Haclin, son père, était un homme tout à son devoir ; c'était l'homme intègre et le chrétien parfait ; on pouvait dire de lui qu'il était par excellence l'homme bon et aimable, intelligent pour diriger ses affaires, charitable et pieux. C'était un époux fidèle et dévoué, un père qui veillait sur les siens avec une grande sollicitude, ainsi que nous le représente une lettre qu'il écrivait à son cher fils André le 8 mai 1843, au Grand Séminaire d'Amiens. Il pense à tout, jusqu'aux « souliers qui doivent commencer à s'user, car ceux qu'il a renvoyés ne sont plus convenables pour lui ». Il y avait là plus qu'un soin ordinaire, mais une attention délicate et toute de foi envers celui qui va bientôt devenir le ministre du Seigneur. Ce souci de la dignité extérieure du prêtre qu'il inspirait ainsi à son cher fils, ce dernier le conserva toute sa vie.

M. Haclin était un paroissien modèle, fidèle à l'accomplissement de tous ses devoirs de chrétien. Aussi, le soir de ses grandes journées de travail, et quand l'heure du repos avait sonné, il pouvait dire avec le Psalmiste : *En paix je me coucherai et je m'endormirai ; car, ô mon Dieu, vous établissez mon âme dans une douce sécurité.* (Ps. IV, 9.) Plein de respect pour le Pasteur, chargé de diriger la paroisse, qu'il considérait comme un père, il était toujours prêt à le défendre lorsqu'il était attaqué ; il se souvenait sans doute du grand exemple laissé par ses parents. Maucourt alors n'était pas non plus sans luttes intestines ; comme toujours, le curé devait être le point de mire des coups échangés. M. Haclin fut de son pasteur l'intrépide défenseur et fidèle ami.

« La maison et la fortune sont des largesses des parents, dit l'Esprit-Saint, mais la femme intelligente et pieuse est un don de Dieu. Il l'accorde à l'homme vertueux pour semer des fleurs sur son chemin, illuminer son intérieur, sa vie tout entière de mille reflets gracieux, d'une douce et tranquille lumière, semblable à un flambeau brillant illuminé sur un chandelier d'or dans le temple de Jérusalem. » (Eccli., XXVI, 21-22.) Telle fut l'épouse à laquelle M. Jean-Baptiste Haclin s'unit. Marie-Catherine-Élisabeth Legrand, qui devint Mme Haclin, était issue d'une famille également recommandable par sa probité et ses sentiments religieux, de la paroisse de Punchy. Son père, M. Legrand, natif d'Ercheu, appartenait lui-même à une famille très chrétienne, il eut le bonheur et l'honneur d'avoir pour frère M. l'abbé Legrand dont nous avons parlé plus haut.

CHAPITRE II

L'ENFANCE

CHAPITRE II

L'ENFANCE

LE Seigneur ne voulut pas laisser stérile le mariage des pieux époux dont on connaît le mérite. La naissance de leur premier fils devait être une réponse de la Providence au dévouement des grands-parents au CHRIST-JÉSUS et à ses prêtres, pendant les grandes épreuves de la persécution. Les uns avaient caché un prêtre, les autres avaient vu leur fils, prêtre exilé, devenir confesseur de la Foi.

Oui, cet enfant devait être « l'enfant de bénédiction », dont parlait plus tard le vénérable Curé de Méharicourt.

André-Jean-Baptiste Haclin naquit le 18 décembre 1818, à cinq heures du soir ; son père avait 32 ans. C'était le jour même où l'Eglise célèbre l'Attente du divin Enfantement.

C'était un véritable présage, et on donna à cet enfant le nom du précurseur du divin Enfant et de l'un de ses apôtres, Jean-Baptiste-André. Il est vrai de dire que les noms de Jean-Baptiste et d'André étaient de tradition dans la famille. C'était une famille tout apostolique par les patrons qu'elle se choisissait : ce qui indiquait son grand amour et son profond respect pour les apôtres et les amis du CHRIST-JÉSUS.

L'église de Maucourt possède des fonts baptismaux vraiment remarquables. Ils sont composés d'un monolithe porté sur un fût orné de colonnes aux angles, avec des chapiteaux corinthiens. Ils respirent le XIIe siècle.

C'est sur ces fonts sacrés que, le lendemain de sa naissance, le jeune Jean-Baptiste-André fut présenté au saint Baptême ; c'est là qu'il fut fait enfant de DIEU, son héritier et le cohéritier de JÉSUS-CHRIST ; là qu'il reçut la grâce initiale qui devait être pour lui le principe de toutes les grâces dont sa vie a été remplie.

Nous n'essaierons pas de raconter ici en détail quels furent les soins tendres et délicats dont Mme Haclin entoura le berceau de ses chers enfants[1], quelle fut sa sollicitude pour les former à la piété, pour diriger vers DIEU les premières pensées de leur intelligence, les premières affections de leur cœur.

Nous dirons seulement que le jeune André eut la

---

1. M. et Mme Haclin eurent deux enfants de leur mariage : Jean-Baptiste-André et Charles-François-Aimé.

bonne fortune de rencontrer, dès ses premiers pas dans la vie, la Sagesse qui l'accompagna partout dans le cours de ses plus tendres années. Pour s'assurer de son cœur, elle emprunta les traits et la voix de ses vertueux parents. L'éducation de leur enfant, à laquelle ils donnèrent pour base la piété, leur parut le plus doux et le plus saint de leurs devoirs. Si les sages leçons du père se gravèrent en caractères ineffaçables dans cette âme tendre et heureusement douée, les salutaires exemples de la mère ne furent pas moins efficaces. « N'est-ce pas à nos mères que nous devons, la plupart du temps, d'être ce que nous sommes ? N'est-ce pas à la mère chrétienne qu'il appartient de pétrir de foi, de pureté et d'amour pour DIEU l'âme de son fils ? C'est un fait d'expérience que la mère a sur son enfant une influence presque décisive. L'enfant n'est-il pas naturellement disposé à imiter les exemples qu'il a sous les yeux, surtout quand ils lui sont donnés par celle qu'il se plaît à appeler sa mère ? Il y a en effet tant d'intimité, et pendant si longtemps, entre le cœur de la mère et le cœur de l'enfant ! La mère est toujours au foyer, et il y a un rayonnement constant de son âme sur l'âme de ce petit être.. Quand c'est dans la lumière qui descend de la face du CHRIST qu'elle va à lui, par tout contact, elle l'imprègne de foi [1] » De là cette

---

1. R. P. Vallée. *Premier panégyrique du Triduum de saint Jean de la Croix*. Caen, 1891.

parole du saint Curé d'Ars : « La vertu passe du cœur des mères dans celui des enfants, qui font volontiers ce qu'ils voient faire. »

C'est ce qui arriva pour le futur abbé Haclin. Il suça la piété avec le lait, et son premier prie-Dieu ce furent les genoux de sa mère, qui lui inspira, dès sa plus tendre enfance, l'amour de la vertu et l'horreur du vice, en même temps qu'une grande force de caractère et une énergique volonté. Car Mme Haclin était, en même temps que pieuse et vertueuse, une femme forte, énergique, possédant toutes les qualités de la femme et de la mère accomplie, très ferme sur les principes d'éducation.

On dit que le jeune André s'en aperçut quelquefois. Un jour en particulier, aimait-il à raconter lui-même plus tard, avec son fin et malicieux sourire, je me souviens d'être venu à Méricourt-sur-Somme avec mon bon vieux curé. J'étais revêtu d'un beau pantalon de Nankin, lorsque, passant dans les bois de Proyart, j'aperçus un alléchant nid de corbeaux : j'avais alors onze ans. En moins de temps qu'il n'en faut pour le dire, et avant que mon vénérable compagnon de voyage, occupé à réciter son bréviaire, s'en aperçût, d'un bond, j'étais au haut de l'arbre. Mais, dans ma précipitation, un malheur, hélas ! était arrivé à mon joli pantalon de Nankin... Du nid, dès lors, il n'en fut plus question, mais un autre problème se posait, et la solution n'était pas facile à trouver... Et cependant, il fallait rentrer à la maison, et maman qu'allait-elle dire ?...

Aussi, je vous assure, chaque fois que je repasse dans ce bois, je ne puis m'empêcher de sourire, en pensant à mon saut d'écureuil, et surtout à mon pauvre pantalon de Nankin. Quel bonheur d'être jeune et alerte comme j'étais alors ! Car

> J'aimais à me suspendre aux lianes légères,
> A gravir dans les airs de rameaux en rameaux,
> Pour ravir, le premier, sous l'aile de leurs mères,
> Les tendres œufs des tourtereaux [1].

Mᵐᵉ Haclin contribua à donner à son fils, par sa formation première, ce caractère de noblesse, de dignité et de vie austère qu'il conserva toute sa vie : tout cela tempéré par les plus aimables vertus de bonté, de douceur, de charité.

Ce fut dans ce premier sanctuaire domestique que le futur curé de Morcourt apprit, dès sa plus tendre enfance, a goûter les charmes de la vertu et les douceurs de l'amour divin ; ce fut dans ce milieu si favorable qu'il sentit se développer les germes de vocation ecclésiastique que DIEU avait déposés dans son âme ; ce fut à cette première école qu'il apprit à devenir ce qu'on verra dans les chapitres qui vont suivre.

M. et Mᵐᵉ Haclin furent admirablement aidés dans la formation de leurs enfants, et de leur cher

---

1. Lamartine. — *La Vie Champêtre.*

fils André en particulier, par le digne Pasteur qui versa l'eau du Baptême sur le front de leur petit enfant, M. l'abbé Topart, arrivé à Maucourt vers 1815.

C'était un prêtre de grande valeur, très respecté, et jouissant d'une grande autorité dans sa paroisse. Il était austère et sévère dans ses directions. Il savait, toutefois, fort bien se plier aux mœurs de son époque, du moment qu'elles ne compromettaient en rien sa dignité sacerdotale, pour se faire l'apôtre de tous, en même temps que le père. C'est ainsi qu'on le voyait présider aux fêtes locales, et même aux danses champêtres. C'était bien le père veillant sur ses enfants, au milieu de leurs jeux innocents, conservant ainsi la décence des divertissements. C'était alors l'esprit paroissial dans toute sa simplicité et sa bonté, tel qu'on voudrait le voir reparaître de nos jours. Autrefois, en plein jour, sur la place du village, devant les pères et mères réunis, le curé présidant, les jeunes gens prenaient leurs ébats et dansaient les vieilles danses du pays. A la tombée du soir, lorsque le soleil déclinait à l'horizon et que les ombres de la nuit commençaient à envelopper la terre, au signal du pasteur, tout le monde se rendait à l'église dire son dernier salut au Christ-Jésus, et recevoir ses saintes bénédictions. Autre temps, autres mœurs !

C'est maintenant dans une salle fermée, à peine éclairée par une mauvaise lampe au pétrole pendue

aux solives, que se trémoussent filles et garçons.
Les pères sont à l'auberge, et les mères fatiguées
ne se donnent pas la peine de suivre leurs filles.
On s'en retourne par bandes, à des heures avan-
cées de la nuit..., mais pas au salut.

Si les prêtres, les pasteurs des âmes, ont pu tolé-
rer autrefois ces réunions qui pouvaient être inno-
centes, il faut reconnaître qu'aujourd'hui, en présence de ce que l'on voit, il ne saurait plus en être
de même. M. l'abbé Haclin, le futur curé de campagne, sut fort bien faire la différence des amusements qu'il avait vus dans sa jeunesse, de ceux
dont il fut le témoin comme pasteur.

Cependant, le jeune André grandissait comme
le divin Enfant, « en âge et en sagesse ». Ses camarades ont conservé le meilleur souvenir des rapports
qu'ils avaient eus avec lui, dans leur premier âge.
Il était bon, plein de douceur, d'une nature ardente,
très franche, très expansive.

L'enfant grandissait toujours, et le moment était
venu pour lui de suivre le catéchisme préparatoire
à la première Communion. Ce que fut sa préparation, l'avenir l'a montré, car c'est de là que datent
les premières manifestations du germe de sa vocation sacerdotale.

Ce fut en 1829, que le pieux enfant reçut pour

la première fois la visite du DIEU qu'on lui avait appris à aimer de tout son cœur. Avec quelle ferveur il se prépara à cette sainte action ! Quels ne furent pas ses efforts pour vaincre sa vivacité naturelle, sa vigilance pour éviter les moindres fautes, son attention à la prière, son application à l'étude du catéchisme !

Dire la joie que le pieux André ressentit, le jour de sa première Communion, en entrant dans cette vieille église qu'il avait déjà visitée si souvent, ce serait bien difficile. Comme il dut lui paraître beau son autel richement décoré, étincelant de lumières, avec ses draperies sculptées ! Comme il dut lui apparaître consolant le tableau de l'Assomption de la Sainte Vierge, encadré dans les riches sculptures de colonnes torses enguirlandées !

Ce sera dans cette église, au pied du tabernacle, qu'il étudiera, mûrira, développera cette vocation qui sera pour lui le but de toute sa vie ; ce sera dans cette église, au pied du tabernacle qu'il alimentera ce principe de vie chrétienne et sacerdotale qui était si intense chez lui ; ce sera dans cette église, au pied du tabernacle, qu'il ressentira les premières secousses de l'appel de DIEU, qu'il verra le divin Maître lui montrer « la moisson jaunissante des âmes », à laquelle il appelait à cette époque de nombreux ouvriers.

Notre pieux communiant avait porté au saint banquet, avec toute la joie de ses onze ans, une âme bien pure et bien préparée. A partir de ce jour, sa piété prit un nouvel essor ; son front était marqué pour le sacerdoce. Il devenait de plus en plus pour tous un sujet d'édification.

Type de la mère chrétienne, Mme Haclin ne négligeait rien pour stimuler les efforts de son fils.

De son côté, le vigilant gardien de la paroisse de Maucourt observait avec attention les aptitudes, les goûts et les vertus qui se manifestaient déjà dans son jeune communiant. Bien vite il remarqua le signe de l'élu du Seigneur.

« A cette époque, 1829-1830, écrit Mgr Baunard [1], un mouvement ascensionnel des vocations sacerdotales se produit. L'Église se montre plus fière, et l'on se donne à elle, parce qu'on est fier d'elle. Les écoles presbytérales forment à l'envi de jeunes recrues pour les petits séminaires qui commencent à se remplir, pour à leur tour remplir les grands. Je ne connais pas de meilleure école sacerdotale pour l'enfant que cette maison du prêtre dont il devient le fils, le disciple et l'ami. C'est le prêtre qui fait le prêtre. Il se fait là une transfusion d'âme

____

1. *Un siècle de l'Église de France.*

dont se ressent toute la vie. Et j'ajoute, je ne sais rien de plus méritant devant DIEU, de plus agréable à son cœur, que le dévouement de cet humble desservant de village qui, parmi tous les travaux et malgré toutes ses charges, trouve encore le moyen et le temps d'instruire, de former, parfois de nourrir, d'entretenir à ses frais, durant trois ou quatre ans de suite, ce petit élève intelligent et innocent, sur le front duquel il a vu reluire les premiers rayons de l'étoile qui le marque pour le sacerdoce. »

C'est sous l'impression de cette atmosphère ambiante, et de ce qui apparaissait sous ses yeux, que le bon M. Topart, d'accord avec M. et Mme Haclin, prit le jeune André chez lui pour lui faire commencer ses études latines. L'enfant, heureux de voir un commencement de réalisation à ses désirs, se mit à l'œuvre avec ardeur, suivant en cela l'impétuosité naturelle de son tempérament.

Mais, s'il était dit que cet enfant était l'élu du Seigneur, il devait arriver fatalement que l'ennemi de tout bien mettrait sur sa route de nombreux obstacles pour l'empêcher d'arriver au but. Perdre, dès le début de sa vocation, cette âme destinée à l'apostolat des autres âmes, à en être le sauveur, c'était du même coup ruiner tous les desseins de la divine Providence. Le père du mensonge n'y manqua point. Il lui semblait plus facile de perdre l'âme innocente, candide et sans défiance d'un petit enfant de onze ans, que celle d'un jeune homme déjà formé et habitué à la lutte. Celui qui devait être, un moment, une pierre d'achoppement pour ce jeune postulant au Sacerdoce, et retarder la réalisation des vues de DIEU, fut un compagnon de classe ; animé d'un mauvais esprit, il entraîna notre jeune étudiant, qui bientôt ne voulut plus entendre parler des études. Il rentra donc à la maison paternelle, et se mit au travail avec ses parents. Mais, deux ans plus tard, la voix du bon DIEU se faisant entendre plus impérieuse, il demanda en grâce de reprendre ses études interrompues, et de rentrer à l'école du bon pasteur. La petite brebis égarée fut accueillie avec joie. Et c'est alors, avec toute l'ardeur d'un converti, que le jeune André reprend ses livres, pour désormais ne plus les quitter, et marcher, comme parle la Sainte Écriture, « à pas de géant » dans le chemin de la science et de la vertu.

L'heure, pour lui, était venue de quitter l'école presbytérale pour entrer au Petit Séminaire. Il y eut un moment d'hésitation entre le collège de Montdidier, alors dans son plein épanouissement, et le Petit Séminaire de Saint-Riquier, dont les succès montaient de plus en plus à l'horizon. Saint-Riquier l'emporta. C'est donc vers Saint-Riquier qu'on le dirigea. On était en l'année 1832. Il avait alors quatorze ans.

CHAPITRE III

PETIT SÉMINAIRE

M. Padé. — Saint-Riquier. — Éducation. — Formation physique, — Intellectuelle, — Morale, — Religieuse. — Développement du mouvement vers Rome. — Heureux résultat. — Excelsior !

CHAPITRE III

PETIT SÉMINAIRE

L E Petit Séminaire de Saint-Riquier, fondé en
1822 par M. l'abbé Padé sur les ruines du
vieux monastère, était alors dans sa splendeur; près
de cinq cents élèves le peuplaient.

Nous avons cru bon d'esquisser en quelques traits
rapides le portrait de l'homme supérieur que fut le
fondateur de cette maison, tant fut profonde l'impression qu'il laissa sur ses élèves. Le jeune Haclin
en reçut la marque indélébile.

« M. l'abbé Padé était d'une taille un peu au-dessus de la moyenne, nous dit son historien [1] ; son port
était plein de distinction. Il avait gardé ce cachet
de dignité qui donne tant de grâce à la vertu, et
qui était un des caractères distinctifs du clergé de
France avant la Révolution. Il portait la tête droite,
indice d'une volonté énergique. Ses traits anguleux
révélaient la franchise et la bonté de son âme.

» Son regard se fixait large et profond, et sous un
front vaste, ses yeux prenaient tour à tour une
expression de fière résolution, ou de bienveillance
affectueuse ; toute sa personne enfin annonçait une

---

1. M. l'abbé Dubourguier, curé-doyen de Villers-Bocage.

force qui se possède elle-même, mais qui pourrait se déployer facilement.

» Actif, ardent, entreprenant, peu ménager de ses aises, il joignait à une conception vive une vigueur d'exécution qui ne s'arrêtait devant aucun obstacle; ajoutez à cela une parole aisée, facilement brillante, une voix aux intonations graves, sonores et harmonieuses. Il était capable, en un mot, de servir une grande cause, avec un grand dévouement et un grand amour. »

Tel est l'homme qui, à l'âge de trente-six ans, vint, vers la fin de 1822, établir sa demeure au milieu des ruines de Centule, à l'abri de ces murs silencieux qui retentissaient jadis, nuit et jour, du chant des psaumes. Il jura de n'avoir de repos que ces ruines ne fussent relevées.

« En 1832, sous son souffle régénérateur, les trois cents moines qui avaient disparu dans la tourmente révolutionnaire étaient remplacés par cinq cents élèves se destinant, pour la plupart, au service des autels.

» Sans doute, Saint-Riquier n'offrait pas encore alors cet aspect majestueux d'autrefois, qu'il a repris aujourd'hui, ni ce *confort* que les plus jeunes connaissent de nos jours, mais personne ne se plaignait ; professeurs et élèves étaient trop bons

Français pour apprécier ce mot d'Outre-Manche, et trop bons chrétiens pour regretter beaucoup la chose. Une atmosphère saine et fortifiante régnait à Saint-Riquier, et chacun s'y trouvait heureux. Aussi, quelle spontanéité et quelle affection dans l'obéissance, quelle merveilleuse émulation pour la vertu, quelle noble ardeur pour ces fortes études qui font la virilité de l'esprit ! Beaucoup d'établissements, plus favorisés sous le rapport matériel, eussent envié cette mâle discipline des âmes, cette générosité dont cette maison offrait le touchant tableau [1]. »

L'éducation y était vraiment familiale. Transplanter dans l'éducation les traditions du foyer, emprunter au père sa ferme et douce autorité, à la mère toutes les délicatesses de son cœur, en un mot, faire de l'école une famille agrandie et dilatée, tel avait été dès le principe, tel continuera d'être le but du Petit Séminaire de Saint-Riquier dans la formation de ses élèves.

Aussi, comme pour tout jeune élève quittant les siens pour entrer dans un milieu inconnu et tout différent, ce fut pour le jeune André Haclin un gros événement. Mais sa manière de vivre et ses habitudes de foi qu'il avait puisées dans sa pieuse famille, ne furent guère changées. Il retrouvait en

1. M. l'abbé Dubourguier, *loc. cit.*

son supérieur et en ses professeurs la même vie, la même foi qu'il avait vu pratiquer par son père et sa mère, mais perfectionnées dans leurs habitudes. Ceux-ci savaient que, pour élever des enfants et leur inspirer le véritable esprit de famille, il faut vivre avec eux ; et que c'est de la vie commune, assidue, soigneuse, saisissante comme la vie de famille, que vient ce qu'il y a de plus pénétrant, de plus intime, de plus fondamental dans l'éducation morale.

Formation physique, intellectuelle et morale, rien n'était négligé pour atteindre ce but. Et, il faut le reconnaître, le jeune Haclin était bien disposé pour recevoir cette formation. Nature ardente, belle intelligence, cœur bon et généreux, il devait merveilleusement profiter de cette éducation toute chrétienne qui était déjà pour lui un commencement de vie sacerdotale. Il était entré à Saint-Riquier avec la volonté bien arrêtée de se destiner au sacerdoce. Pour lui, il n'y avait point de doute, l'appel de DIEU était formel. Aussi, avec quelle ardeur il se met à l'œuvre ! M. Haclin fut à Saint-Riquier ce que sa vie tout entière nous le révélera : homme de règle, pieux, zélé, mortifié, ardent au travail.

Au reste, tout lui plaisait dans cette maison, et les jeux, et le travail, et la piété. Il en avait gardé le meilleur souvenir, et aimait à en parler souvent. Aussi, fut-il un des premiers à s'inscrire au nombre des anciens élèves lors de la fondation de l'association.

M. Haclin représentait fort bien dans sa personne et dans sa physionomie l'empreinte de cette éducation première, physique, intellectuelle et morale qu'il avait reçue. Il y avait chez lui quelque chose de sévère et de doux qui s'harmonisait admirablement.

A Saint-Riquier, la formation physique était loin d'être négligée, car si l'on voulait travailler avant tout à l'éducation de l'esprit par de fortes études, à celle du cœur et de la volonté par la religion et la piété, on entendait former l'homme complet ; et l'éducation s'étendait au corps et à l'âme, au temps présent et à l'avenir. On voyait et on préparait l'homme de l'avenir, le soldat, le soutien de la société, disons mieux, le prêtre de JÉSUS-CHRIST. Et, si dans la vie d'un prêtre il faut de la vertu, il faut également de la santé : *Mens sana in corpore sano*, disait fort judicieusement l'école de Salerne. Aussi, pour développer les forces physiques, s'ingéniait-on à créer des jeux actifs, fatigants, des exercices corporels.

Mais, à cette époque, il faut l'avouer, on n'était pas encore en mesure de donner tout ce qu'on voulait. L'ancienne cour était devenue trop petite pour les ébats de cette nombreuse population d'écoliers. On y suppléait par de longues promenades. Et, il faut le reconnaître, l'heureuse situation de la maison de

Saint-Riquier, en pleine campagne, avec ses vastes jardins sur le versant d'une colline, à quelques lieues de la mer, se prêtait admirablement à tous les genres d'exercices. Et puis, en 1834, vint s'ajouter la belle maison de campagne de Neuville.

M. Haclin avec son entrain bien connu, sa nature ardente, se livrait avec bonheur à toutes ces sortes d'exercices. Sa santé était excellente.

C'était avec un véritable plaisir qu'il nous parlait des longues promenades d'hiver de Saint-Riquier. C'est qu'en effet, « l'hiver, quand les arbres sont sans feuillage, les oiseaux sans voix, quand, en rase campagne, souffle le vent du Nord, alors, comme aujourd'hui, Neuville avait perdu son charme. »

Il fallait chercher ailleurs les distractions. M. Padé n'aimait pas à voir les élèves « se promener, à l'abri des étroits corridors, comme les dames des couvents ». Il établit alors ces grandes promenades, si aimées des jeunes gens. On faisait des excursions à Port-le-Grand, au tombeau de saint Honoré, évêque d'Amiens, à Noyelles, à la chapelle dite des trois cents corps, sépulture des braves chevaliers tombés à la bataille de Crécy, à ce fameux moulin [1] qui vit un immense désastre, et non loin du château de Labroye, où le roi Philippe de Valois, « la fortune de la France », chercha un refuge. Véritables courses militaires, dont M. Haclin aimait souvent à

---

1. Ce moulin, qui attirait tant de touristes, vient d'être démoli, malgré les vives réclamations des habitants du pays.

rappeler le souvenir, parce qu'il en avait amplement profité.

Caractère joyeux, franc, ouvert et généreux, toujours le premier au jeu, notre jeune petit séminariste était aussi le premier à l'étude. En lui, se révélait déjà l'homme de la règle, de la discipline. « A Saint-Riquier, écrit un de ses vénérables condisciples [1], où il s'est fait remarquer par l'accomplissement exact et habituel de tous ses devoirs d'écolier et de chrétien, il était pour nous un modèle parfait. Je n'ai jamais entendu un professeur, un surveillant, lui adresser la moindre réprimande ; élève pieux, modeste, docile, courageux, bon condisciple, aimable envers tous ses camarades. Voilà le témoignage que je puis rendre de ses actes extérieurs. DIEU connaît les sentiments de piété sincère qui animaient son cœur et lui suggéraient ses actes extérieurs qui nous édifiaient : *Homo videt ea quæ parent, Deus autem intuetur cor.* »

Cette formation de Saint-Riquier a laissé sur toute sa vie la plus profonde empreinte.

« Si la surveillance à Saint-Riquier était sévère, elle était aussi généreuse et patiente. Les minuties et les taquineries en étaient rigoureusement écartées. On voulait, avant tout, élever l'âme des élèves,

1. M. l'abbé Jongleux.

leur inspirer des sentiments généreux, en un mot, préparer des prêtres. Etre grand, noble, généreux avec les élèves, telle était la devise. Ne pas les humilier, ne pas les flétrir. Paraître les estimer, pour qu'ils s'estiment eux-mêmes, qu'ils reconnaissent clairement l'hommage qu'on aime à rendre à leurs bonnes qualités, à leur travail, à ce qu'il y a de louable en eux...[1] »

Ce sont là incontestablement des maximes d'or, que M. Haclin sut faire siennes, et qu'il appliqua durant tout son ministère pastoral avec un grand succès auprès des âmes qui lui furent confiées. Sa manière de gouverner le fit grandement aimer et respecter.

Travailleur courageux et tenace, ses efforts ne furent point sans succès. Il tenait la tête de sa classe. La versification latine lui était très familière ; nous avons encore sous les yeux quelques-unes de ses poésies qui en témoignent.

Mais, si son intelligence se développait au contact des sciences, sa volonté, elle aussi, recevait une forte empreinte d'énergie, qui persévérera toute sa vie. C'est de là que date cette vie régulière et sévère que nous lui avons vu mener.

---

1. M. l'abbé Dubourguier, *loc. cit.*

Ne dirait-on pas qu'il avait fait sien, à la lettre, ce règlement tracé par son Supérieur en 1835, sur la nécessité de fortifier sa volonté par la mortification :

« 1º Des yeux, en modérant leur vivacité ;

» 2º De la langue, en veillant sur elle ;

» 3º Dans le lever, en se levant promptement ;

» 4º Dans le coucher, en se couchant à l'heure ;

» 5º Dans le manger, en se contentant des choses communes ;

» 6º Dans les humiliations, en les endurant avec patience ;

» 7º Dans les contradictions, en les souffrant avec douceur ;

» 8º Dans nos répugnances, en les combattant ;

» 9º Dans nos tentations, en nous humiliant ;

» 10º Dans notre travail, en nous en acquittant malgré nos dégoûts ;

» 11º Dans nos impatiences, en les comprimant ;

» 12º Dans le froid et le chaud, en les supportant sans murmure ;

» 13º Dans les maladies, les souffrances, en les offrant à DIEU ;

» 14º Dans les agacements, les malaises, en s'observant ;

» 15º Dans le support du prochain, et de ses défauts [1]. »

C'était tout un programme de vie que le Supé-

---

1. M. l'abbé Dubourguier *loc. cit.*

rieur du Petit Séminaire dressait alors à ses élèves, et, en s'efforçant de le leur faire remplir, il en formait des hommes de caractère.

Ce programme, que le jeune Haclin recevait à l'âge de dix-sept ans, il ne craignit pas de le faire sien, il y sera fidèle toujours.

En même temps qu'il travaillait à la formation de sa volonté, il ne négligeait point la formation de son cœur. Chez lui, tout se développait simultanément. La piété grandissait avec la science et le vouloir. « Il fut un élève pieux », nous disent ceux qui l'ont connu.

Saint-Riquier ? Mais c'est le sol par excellence imprégné de piété, elle y grandit comme naturellement.

La grande dévotion de M. Haclin à l'Eucharistie et à la Sainte Vierge, la dévotion du prêtre, c'est à Saint-Riquier surtout qu'il l'a puisée. Le culte de l'Eucharistie et la dévotion à Marie, tels sont surtout les deux amours que l'on s'efforce d'inspirer aux élèves du sanctuaire.

« Notre volonté, disait un jour M. Padé, est que tous ceux qui se destinent à l'état ecclésiastique s'exercent à chanter et à servir dans l'église. Et ce commandement, ce n'est pas nous qui le faisons, c'est l'Église elle-même ; c'est un saint prélat, saint

Charles Borromée. Qu'ils regardent donc leur vocation comme bien douteuse ceux qui n'auraient que de l'indifférence et du dégoût pour ces pieux exercices. »

Et puis, qu'elles étaient belles les solennités de la liturgie au sein de la majestueuse église ! — Car alors les élèves assistaient aux offices à l'église paroissiale. — Quel éclat, et quelle pompe dans les cérémonies ! La riche décoration de l'autel et du Sanctuaire, le chœur si vaste, rempli de ministres sacrés, la profusion de luminaires, la solennité du chant, ces processions à travers les longues nefs, tout parlait à l'âme et au cœur. Les impressions produites n'étaient point passagères, elles pénétraient l'âme profondément ; nous-mêmes, nous nous souvenons toujours avec émotion de cette imposante solennité de l'adoration perpétuelle, la seule à laquelle assistent encore les élèves du Petit Séminaire.

De tout cela M. Haclin nous parlait encore, après plus de soixante ans, comme si pour lui c'était d'hier, tant chez lui l'impression en avait été profonde. C'était pour lui une véritable satisfaction de dire qu'il avait eu l'honneur de porter, comme chantre, le bâton de Charlemagne. Déjà alors sa voix annonçait ce qu'elle deviendrait plus tard.

Mais la formation de la vie chrétienne sans la dévotion à Marie serait incomplète. On pourrait presque dire que la vie et les œuvres de M. Haclin ont été un écho continuel de sa dévotion à la Sainte Vierge : nous aurons occasion de nous en convaincre.

Pour l'avoir puisée dans sa famille, sa dévotion à la Sainte Vierge ne fit que grandir au Petit Séminaire. Tout y contribuait, et la grande dévotion du Supérieur pour cette bonne Mère, à laquelle il rapportait tout, et la congrégation de la Sainte-Vierge elle-même qui formait une véritable pépinière de dévots à Marie.

Ce fut une vraie fête pour notre jeune petit séminariste, le jour où il eut le bonheur d'être admis comme congréganiste. Quelle joie ce fut pour lui, le jour où, s'agenouillant au pied de l'autel de Marie, il put lui jurer de l'aimer toujours. *Tuus sum ego, o Maria, salvum me fac !* Ce serment, il ne l'a jamais repris.

Un grand amour dévora encore son cœur toute sa vie, ce fut celui du Pape. Rien de plus filial, de plus simple que sa soumission et son obéissance au moindre désir du Chef de la catholicité. Nous pouvons dire que c'est à Saint-Riquier qu'il puisa le principe de cet amour du Chef de l'Eglise. Car, bien qu'alors le gallicanisme eût encore de profondes racines en France, au Petit Séminaire de Saint-Riquier, c'était l'amour le plus confiant, le plus sou-

mis que l'on professait pour le Pape, et qu'on enseignait aux élèves.

« L'Eglise de Saint-Riquier, s'écriait un jour
M. Padé, a été fondée au VIe siècle par des Irlandais
romains. Et depuis ces hommes apostoliques jusqu'à
nous, il y a une chaîne non interrompue de pasteurs,
d'évêques, de papes, qui remontent jusqu'aux
apôtres et à Pierre, dont le siège est à Rome.

» Pierre est le chef, — les autres sont membres ;

» Pierre est la pierre angulaire, — les autres sont
l'édifice ;

» Pierre est le pasteur, — les autres les brebis ;

» Pierre est le docteur, — les autres les disciples ;

» Pierre est le prince, — les autres les sujets ;

» Pierre est l'oracle, — les autres écoutent. »

On conçoit qu'avec un tel enseignement, les élèves
qui l'écoutaient fussent attachés au Pape.

Du reste, Saint-Riquier a toujours été la terre
classique de la papauté, puisqu'elle releva directement du Saint-Siège à partir du couronnement de
Charlemagne [1].

---

[1]. Nous ne résistons pas au plaisir de transcrire ici cette belle page
citée par M. l'abbé Dubourguier ; qu'en l'an 800, la fête de Pâques
fut célébrée à Saint-Riquier en présence de l'illustre Alcuin, de
l'empereur Charlemagne et de toute sa cour.

Alors, comme aujourd'hui, une fête religieuse ou littéraire eut été
incomplète sans un filial souvenir adressé au Souverain Pontife. —
Aussi, vers la fin de cette réunion académique, un jeune élève de
l'école des *Nutriti*, conduit par saint Angilbert, et au milieu des
acclamations les plus enthousiastes, vint se prosterner aux pieds de
Charlemagne, et lui présenter cette supplique au Pape Léon III,
composée quelques années auparavant par le Roi lui-même.

« A notre Saint-Père et Seigneur apostolique, Charles, Roi par

Charlemagne voulut, en effet, que l'illustre abbé Angilbert l'accompagnât dans son voyage à Rome, où le nouveau pape Léon III le couronna empereur.

Saint Angilbert reçut du Souverain Pontife d'insignes privilèges pour son monastère et, en adoptant la liturgie romaine, il scella l'union intime de ses enfants avec l'auguste Chef de l'Eglise. Et lorsque de nos jours, Mgr de Salinis verra le clergé de notre diocèse « émettre à l'unanimité le vœu du rétablissement de cette liturgie romaine », il pourra constater avec bonheur que l'antique souffle du catholicisme romain, si puissant dans le gymnase d'Angilbert, est toujours plein de force dans la nouvelle école, pépinière de son clergé.

Formé à une telle école, le jeune André Haclin ne pouvait que sentir croître en son cœur l'amour de l'Eglise et de la Papauté. C'était devenu, chez lui, plus qu'un amour, c'était presque un culte. Il nous souvient l'avoir entendu bien des fois défendre avec une âpre énergie les directions pontificales données par Léon XIII à la France. Un jour en particulier,

---

la grâce de DIEU, défenseur de la sainte Eglise, Alcuin et Angilbert, les Maîtres de Centule et leurs élèves... Que notre nouveau Pontife soit pour nous un père plein de tendresse, un intercesseur perpétuel auprès de DIEU !...

» Bienheureux Pierre, donnez la vie au Pape Léon, et la victoire au roi Charles ! »

Quelques années auparavant, Charles avait chargé l'abbé de Saint-Riquier d'une mission extraordinaire auprès du pape Adrien, qui avait reçu gracieusement Angilbert, son cher confident ».

nous le voyons encore, se levant de table, avec cette dignité que relevait si bien sa longue chevelure blanche du vieux clergé, pour protester de toute son énergie contre des paroles qu'il croyait inconvenantes à l'égard du Pape et de ses directions.

« Pour moi, Messieurs, s'écrie-t-il, quand le Pape parle, je n'ai qu'une seule pensée qui se présente à mon esprit, sans me préoccuper de ce que j'ai pu penser auparavant : *me soumettre et obéir.* »

C'était bien dans l'abbé Haclin, à la fin de sa vie, la formation de son Petit Séminaire qui réapparaissait. Il n'était encore que l'écho de cette profession de foi que faisait un jour à ses élèves M. Padé : « Je crois fermement que dans le Saint-Siège apostolique réside la plénitude de cette autorité infaillible et souveraine, que l'Église qui, établie de DIEU et assistée de son Esprit, ne peut ni errer dans ses jugements, ni entreprendre de juger des choses qui lui seraient étrangères... Rome a parlé, la cause est finie. »

L'éducation intellectuelle et morale de M. Haclin était achevée : son intelligence pleine des lumières qui lui avaient été largement distribuées, sa volonté fortifiée, et prête pour de nouveaux combats, son cœur rempli d'un saint amour de DIEU, et d'une tendre piété.

L'année scolaire 1838-39 touchait à sa fin, et notre

courageux élève s'apprêtait à quitter cette maison
qui l'avait abrité pendant six années consécutives,
et où il avait puisé toutes les richesses de l'esprit,
de la volonté et du cœur. En partant, il pouvait
répéter ces belles paroles, tombées en 1863 des lèvres
de M. l'abbé Hérogue, lorsqu'il disait adieu au
Petit Séminaire pour se rendre à Amiens : « Oui,
pour notre foi et notre intelligence, Centule fut vraiment une mère ; c'est sur son sein que nous avons
puisé le lait de la science et de la vertu ; c'est dans
son enceinte et dans son sanctuaire que nous avons
mis en nos faibles mains, et posé sur nos tendres
épaules le joug du travail, de la discipline et de la
règle, ce joug qu'on porte avec tant de charme et
de consolation sous le regard d'une bonne Mère ; et
lorsque tant d'autres ont fait naufrage dans la traversée orageuse des études, Centule fut pour nous
un navire bien équipé, sur lequel nous avons paisiblement gagné le port de l'âge mûr. Combien doivent à Centule leurs distinctions, leurs honneurs,
leur couronne sacerdotale, leur gloire de chrétiens
fidèles, de citoyens irréprochables !... *Toto corde
amavi te, Centula mater, amavi !* »

Tels étaient bien les sentiments du jeune élève de
rhétorique. Il était désormais prêt à entrer plus
directement dans la préparation de sa carrière sacerdotale.

Comme le curé dont parle Balzac dans son *Curé de village*, M. Haclin pouvait dire que la carrière sacerdotale lui apparaissait non point comme un état, mais comme un appel de DIEU, et qu'il ne comprenait pas qu'on devînt prêtre par des raisons autres que les indéfinissables puissances de la vocation. Le prêtre ne doit appartenir qu'à DIEU et aux âmes, montrer par ses exemples que la religion catholique, prise dans ses œuvres humaines, est la seule vraie, la seule bonne et belle puissance civilisatrice.

Ces pensées si élevées, si nobles et si généreuses, M. Haclin les avait puisées dans la formation que des maîtres habiles lui avait donnée durant son Petit Séminaire.

Excelsior ! Telle devenait sa devise. Il allait maintenant travailler à leur donner une réalisation plus prochaine par son entrée au Grand Séminaire d'Amiens.

CHAPITRE IV

GRAND SÉMINAIRE

Le Grand Séminaire d'Amiens. — Noblesse du but à atteindre. — Physionomie de M. Haclin. — Préparation au Sacerdoce. — Sa Sanctification et la Sanctification des âmes. — La Tonsure. — Les Vacances. — Les Ordres Mineurs. — L'Epreuve. — L'Immolation. — Le Sous-diaconat. — Cruelle séparation. — Le Diaconat. — Le Sacerdoce. — Pour Dieu et les Ames.

CHAPITRE IV

GRAND SÉMINAIRE

DEUX mois ne s'étaient pas encore écoulés, lorsque l'ancien élève de Saint-Riquier, revêtant les livrées du sanctuaire, voyait s'ouvrir devant lui les portes du Grand Séminaire d'Amiens. C'était la veille de la solennité de saint Firmin le martyr, premier évêque de la vieille cité picarde, 24 septembre 1839.

Le Grand Séminaire d'Amiens était alors dirigé par les prêtres de la Congrégation de la Mission, fondée par saint Vincent de Paul [1].

---

1. Les Lazaristes furent appelés à Amiens en 1662, deux ans après a mort de leur saint fondateur, par Mgr François Faure.

La Révolution s'empara de cet établissement qu'ils avaient construit, et qui était leur propriété. Après la tourmente révolutionnaire, il fut rétabli dès 1806. Toutefois, les directeurs et les séminaristes ne rentrèrent pas immédiatement dans l'immeuble vide et désert. Ce ne fut qu'en 1816 qu'ils furent entièrement réintégrés par une ordonnance royale (13 novembre 1816). Cet acte officiel, en les remettant en possession de leur immeuble, leur imposait la *charge d'instruire les clercs et de les préparer au ministère sacerdotal, sous le contrôle de l'évêque du diocèse*, qui était alors Mgr de Bonbelle. « C'était reconnaître tout à la fois, remarque fort bien Mgr Dizien, et le droit à la propriété, et le droit à l'enseignement. »

Ils viennent d'être dépossédés de ce droit (septembre 1903) et renvoyés du Grand Séminaire d'Amiens par la tourmente qui désole actuellement l'Eglise de France. Ils emportent avec eux les regrets, le respect et l'amour de tous.

Il était à cette époque en pleine prospérité : Il comptait plus de deux cents élèves.

Une nouvelle vie va commencer pour le jeune abbé André-Jean-Baptiste Haclin. Elles vont se réaliser en sa faveur ces paroles d'un pieux et docte prélat : « Quel que soit l'élu, l'heure venue, DIEU le prend. Il le met à l'écart ; il l'isole du monde par une clôture, par un vêtement nouveau, par d'autres habitudes... C'est ici que commence la déification de cet enfant. Le Séminaire est un nid sacré où DIEU le couve sous ses ailes. DIEU lui parle dans ce silence, DIEU le purifie, DIEU l'illumine. Il le nourrit du pain de la vérité qui est la doctrine ; il le fait boire aux sources vives de la sainteté, qui sont les sacrements ; il lui fait expliquer cette loi, dont la méditation, dit David, donne, même aux enfants, une sagesse supérieure à celle des vieillards. En même temps il l'initie : « des ascensions sont disposées », qu'il franchira toutes, et qui, avec cette lenteur d'où vient la sûreté, s'élèveront régulièrement aux fonctions les plus saintes [1]. »

Ce que M. l'abbé Haclin fut pendant les quatre années de son noviciat sacerdotal, ses anciens direc-

---

[1]. Mgr Gay, *Sermon sur le Sacerdoce.*

teurs, s'ils vivaient encore, et ses anciens condisciples pourraient le dire. Nous savons que toute sa vie, il conserva la plus grande reconnaissance à ces Messieurs de Saint-Lazare pour tout le dévouement qu'ils lui avaient témoigné. C'était chez lui plus que de la reconnaissance, c'était un véritable amour filial. Sa *Notice sur M. Faroux* en témoigne hautement, et dans toutes les missions qu'il fera donner à sa paroisse, ce seront toujours les fils de Saint-Vincent de Paul qui viendront le seconder.

On peut dire qu'il reçut d'eux cette empreinte « de douceur, d'accueillante bonté, de simplicité et de mâle et sévère beauté qui caractérise si bien les fils de Saint-Vincent de Paul [1]. »

Ce n'est rien avancer de hasardé, que de dire qu'on admira toujours en lui un modèle de régularité, d'application, de piété et de ferveur. Il était pour tout le Séminaire un sujet d'édification par sa ponctualité, son recueillement dans les exercices de piété, son grand esprit de religion, sa douce gravité. Sa rectitude de jugement, son aménité de caractère, sa bonté lui conciliaient l'estime et l'affection universelle.

L'atmosphère du Séminaire, plus élevée, plus ouverte vers le ciel répondait à toutes ses aspirations. Les Sciences sacrées : la Sainte Écriture, la théologie, l'histoire de l'Eglise, la liturgie, avaient pour

---

1. Mgr Dizien. — *Nouvelle organisation du Grand Séminaire d'Amiens.*

son âme le plus vif attrait. Tout en développant et en ornant son intelligence, elles offraient à son cœur, à sa piété, un aliment savoureux et substantiel.

Voici, au reste, le témoignage qu'en rendent deux de ses condisciples.

« Au Séminaire, écrit l'un d'eux [1], j'ai vu en germe les vertus qui plus tard, chez M. l'abbé Haclin, devaient briller d'un vif éclat, vertus dont il vous a été donné de respirer les parfums. « Il était, dites-vous, austère, régulier et pieux » ; et c'est bien ainsi que je l'ai connu au Grand Séminaire. »

Un autre condisciple [2] écrit à son tour : « Il m'est très agréable de pouvoir affirmer que j'ai conservé de M. Haclin les meilleures impressions, tant au point de vue de sa piété, de sa régularité, de son travail, que de sa formation sacerdotale, et de ses rapports avec ses confrères. C'était, je puis le dire sans exagération, un séminariste modèle. »

Nous pouvons ajouter, ce séminariste modèle devait faire un curé modèle. M. l'abbé Haclin n'avait qu'une pensée en entrant au Séminaire : se sanctifier dans le travail, la piété et la vertu, se sanctifier pour Dieu et les âmes ; ils sont l'objet

1. M. l'abbé Normand, chanoine honoraire de Mende.
2. M. l'abbé Froissart, chanoine honoraire de Mende.

constant de sa pensée et le but de ses efforts généreux. Il veut être tout à DIEU, tout faire pour
DIEU.

Dans son travail, il ne cherche point sa propre
satisfaction ou l'estime des hommes ; il travaille
pour plaire à DIEU, et pour se mettre à même de
sanctifier les âmes. « A l'œuvre ! aimait-il à répéter
souvent, de l'énergie, de la virilité ! » Toute sa vie
n'a été qu'un acte d'énergie et de virilité continuelles.
Ses études, ses lectures, ses récréations, tout était
toujours en vue de sa préparation au Sacerdoce, de
sa sanctification et de celle des âmes qui lui seraient
confiées un jour.

En récréation, plein d'aménité et d'expansion, il
s'habituait à cet air doux, affable, charitable, qui
fait que, quand on est curé, on a toujours un mot
pour les paroissiens qu'on rencontre. Il ne faut pas
qu'un curé soit morose, taciturne, mais qu'il soit
abordable, qu'il cause facilement avec ses ouailles,
pour avoir occasion de leur dire un bon mot, leur
rappelant sans acrimonie leurs devoirs. Que de
moyens, en effet, ne faut-il pas employer pour
gagner l'affection, se faire aimer de manière à faire
le bien ! C'est ainsi qu'est apparu M. l'abbé Haclin
dans tout le cours de son ministère pastoral à ceux
qui l'ont connu. Il ne faisait que continuer l'œuvre
commencée au Petit Séminaire.

Nature ardente par elle-même, caractère plutôt
vif, le jeune séminariste travailla efficacement à

tempérer tout cela. La règle, pour lui, était une mortification de chaque jour, mais, il savait l'accepter et la remplir avec joie, car il se souvenait que DIEU aime à être servi avec joie : *hilarem datorem diligit Deus.* Cette exactitude à remplir les exigences de la règle sera pour lui la mortification la plus agréable qu'il puisse pratiquer pour l'offrir à DIEU ; il n'oublie pas que c'est la fidélité aux petites choses qui conduit aux grandes vertus. « A l'œuvre, écrivait un jour Monsieur le Supérieur de Saint-Riquier [1] à ses anciens élèves. Devenez tous des hommes de principes, des séminaristes fervents, acquérez des vertus solides ; il en faut à cette époque d'amoindrissement des caractères. Aimez la règle, soyez pleins de confiance envers vos directeurs, priez bien la Sainte Vierge, et vous remplirez les desseins de DIEU. » Telle était bien aussi la pensée de M. Haclin, son idéal. Sa vie de curé ne changera presque rien à sa vie de séminariste Il en suivra scrupuleusement la même règle.

M. et Mme Haclin se réjouissaient de voir leur fils revêtu des livrées du Seigneur. Mais leur joie fut bien plus grande encore, quand il leur apprit qu'il était appelé à recevoir la tonsure. C'était pour

---

1. M. Piolé.

le jeune lévite un véritable bonheur. Il remercie le bon DIEU de l'avoir appelé à quitter enfin le siècle pour entrer dans la milice sainte.

Il résume ainsi les impressions du jour de l'ordination : « Quel beau jour ! On sent là quelque chose de la première Communion. Les cérémonies y ont un cachet plus grave. Quel bonheur n'y éprouve pas le clerc ! Il avance le surplis sur le bras, il s'agenouille et l'évêque lui coupe les cheveux en forme de croix, afin de marquer qu'il a renoncé aux superfluités, aux vanités du siècle, pour se donner tout à DIEU par la Croix. Oui, c'est par la Croix que je dois régner sur mes passions. — Puis, le clerc s'avance pour recevoir l'habit de chœur. Déjà la soutane marque que je dois être mort au monde, l'habit de chœur me marque par sa blancheur que je dois vivre à DIEU par les bonnes œuvres, l'innocence de la vie, la pureté de cœur ; il marque que je dois être un homme nouveau. Oh ! oui, mon DIEU... Quel beau jour ! Tout n'était que joie céleste, félicité, bonheur tranquille, tel que la terre n'en donne pas. »

Ce fut avec une bien grande joie que tout le monde le revit pendant ses vacances. Plein de bonté pour tous, il s'efforçait d'être agréable à tous. Mais les vacances de M. l'abbé Haclin n'étaient pas moins bien sanctifiées que le temps passé au Séminaire. A ses yeux, les vacances étaient non seulement une épreuve pour assurer l'avenir, mais encore un moyen de réparer les mauvais exemples que l'on a pu donner autrefois à ses compagnons d'enfance. Il se rendait bien compte qu'il serait dans le ministère ce qu'il était en vacances. Aussi, était-il ponctuel en tout. Ses exercices de piété ne différaient de ceux du Séminaire qu'en ce qu'il les multipliait et les prolongeait. Ainsi en fut-il toute sa vie.

L'année 1840 le vit rentrer au Séminaire avec non moins de ferveur, disposé à faire de plus grands efforts pour avancer de plus en plus dans la voie de la perfection.

Un peu plus tard, vinrent pour lui les Ordres mineurs. C'était du même coup monter quatre degrés du sanctuaire ; c'était le dernier avertissement par lequel l'Eglise excite ses clercs à se préparer avec soin au grand et irrévocable sacrifice...... le sous-diaconat.

Depuis le jour de son entrée au Séminaire, M. l'abbé Haclin pensait sans cesse au sous-diaconat et au Sacerdoce, non pas d'une manière spéculative, mais bien pour s'y préparer sérieusement. Il avait la plus haute estime des Ordres sacrés.

Un Curé Picard.

Sa vie ressembla de plus en plus pendant les deux dernières années du Séminaire et jusqu'à sa mort, « au sentier du juste qui, comme une lumière éclatante, progresse et croît jusqu'au jour parfait [1] ».

Toutefois, durant cette année 1843, le bon DIEU mit son jeune lévite à l'épreuve, en le faisant passer par le creuset de la souffrance morale. Or, ce qui a fait la beauté particulière de cette âme, c'est qu'elle a toujours regardé vers le ciel. En toute chose, en toute difficulté, en toute souffrance, en tout mécompte, en toute affaire avec les hommes, *alieni, infensi, traditores*, comme dit saint Paul, il avait pour principe de se tenir bien haut, *stare in excelso*, même sur la croix, quand le bon DIEU le voulait. Aussi, aurait-il pu faire sienne cette devise du chevalier qui avait pris pour emblème les flots soulevés : « *Turbant sed extollunt*, ils bouleversent, mais ils rapprochent du ciel. »

Certaines luttes intestines dans son pays natal l'avaient profondément troublé, lui et sa famille. Aussi son curé [2] crut-il devoir lui écrire pour calmer ses appréhensions et dissiper son trouble.

« Il me tarde bien aussi, lui dit-il, de voir arriver

---

1. Prov., IV, 18.
2. M. l'abbé Malin.

le jour de l'ordination où je pourrai partir avec votre bon père pour aller vous embrasser de grand cœur, et vous consoler un peu de toutes ces criailleries impuissantes qui ont pu affliger votre cœur et y porter peut-être le découragement.

» Courage, mon cher Monsieur, ces petites jalousies de la médiocrité disparaîtront, et le Seigneur qui vous aura éprouvé par ces petites tribulations saura bien vous payer au centuple en vous associant à son sacerdoce. Courage, dans un an vous aurez le bonheur de le faire descendre sur les autels, de le tenir dans vos mains, et de converser avec lui tous les jours. Je vous le dis, ne vous laissez point abattre, vous le savez mieux que moi, vous avez à faire à un Maître qui ne se laisse jamais vaincre en générosité. »

Cette épreuve avait eu le don de le rendre plus fort. Est-ce que les saints ne savent pas faire de la souffrance un élément de bonheur ? — « Si tu souffres plus qu'un autre des choses de la terre, disait Chactas à René, c'est qu'une grande âme doit contenir plus de larmes qu'une petite . » Le jeune abbé aurait pu s'appliquer cette parole du vieillard. Son âme était très grande, c'est pour cela, probablement, qu'elle souffrait beaucoup. C'est ainsi que l'abbé Haclin s'achemina vers le sous-diaconat.

---

1. Chateaubriand. — *René*.

« Le clerc, victime mystique présentée à Dieu dans la cérémonie de la tonsure, préparée par la réception des ordres mineurs, subit enfin, en recevant les ordres sacrés, l'immolation qu'il avait en perspective, et à laquelle il s'est soumis.

» Le coup porté à la victime par le sacrificateur produisait deux effets : d'une part, en lui ôtant la vie, il la séparait, et détruisait les liens qui l'unissaient aux créatures ; de l'autre, et par cette séparation même, il la faisait entrer dans le domaine de Dieu, et la lui consacrait irrévocablement [1]. »

Le jeune lévite dut gravir le calvaire de l'immolation. Ce fut long, haletant et caché ce combat livré contre lui-même pour se tuer le cœur, ou plutôt pour tuer dans son cœur les germes mauvais qu'y déposait l'homme méchant. Si vous avez passé par là, vous qui lisez ces pages, vous savez ce qu'il faut d'énergie pour ne pas défaillir. Il est des instants où on voudrait l'arracher, ce cœur qui se révolte obstinément. On l'arrache, mais on doit croire que dans certaines poitrines, il repousse ; et il faut lutter, toujours, toujours. C'est dur comme la lutte de Jacob contre l'ange. Elle se prolongea toute la nuit. L'ange fut le plus fort, mais l'homme

---

1. Branchereau, *Méditations*.

avait été un terrible lutteur. Ainsi fut acharnée la bataille de DIEU dans cette âme de vingt ans où l'humanité débordait.

Cependant l'issue ne pouvait être douteuse. L'ecclésiastique a dit du juste : « Il a aimé DIEU de tout son cœur, et DIEU lui a donné la force en présence de l'ennemi [1]. » L'abbé Haclin aimait DIEU de tout son cœur, il devait être victorieux. Dans le silence de l'oraison, il s'était épris des charmes de la beauté immortelle ; la terre ne pouvait le retenir. Et il suivit JÉSUS, les yeux fixés sur lui, en oubliant joies, douleurs, pauvreté, gloire humaine ; son idéal était au ciel.

Malgré tout, ce ne fut qu'en tremblant, et rempli de la plus sainte émotion que, la veille de la Trinité 1843, il fit le pas décisif et contracta l'engagement solennel qui le dévouait irrévocablement à DIEU et à l'Eglise.

A la fin de septembre suivant, notre jeune aspirant au sacerdoce commençait la dernière année de son noviciat ecclésiastique. Plus que jamais, il s'efforça d'acquérir les vertus qui font les bons prêtres : la chasteté, cette perle si précieuse de la couronne sacerdotale, l'humilité, l'obéissance, le détachement des créatures, la charité envers le prochain.

1. Ecclés., XLVII, 10.

Ces vertus, il ne cesse de les demander à DIEU par l'intercession de Marie, dont il avait pris tous les jours l'habitude de réciter le Saint Rosaire. Et il voit venir avec joie le jour où il recevra le diaconat. Un diacre, c'est presqu'un prêtre : il prêche comme le prêtre, il baptise comme le prêtre, il distribue l'Eucharistie comme le prêtre. Il n'y a qu'une chose qu'il ne fait pas comme le prêtre ; c'est de consacrer le corps et le sang de Notre-Seigneur, et d'absoudre les péchés.

Comme notre jeune sous-diacre prépare son âme à recevoir cet ordre sacré qui mettra le comble à ses désirs ! Mais le bon DIEU lui réservait dans cette préparation une bien dure épreuve pour son cœur de fils. C'est par les brisements que DIEU veut que nous nous approchions de lui. Le 5 janvier 1844, il avait la cruelle douleur de perdre son bien-aimé père. Dire le chagrin du cher abbé serait bien difficile, il fallait connaître l'amour dont il enveloppait les siens pour s'en rendre compte. Ce digne père n'eut pas la consolation de voir sur la terre ses efforts couronnés de succès. Il eût cependant été si heureux ! Il avait tant travaillé ! Aucun sacrifice n'avait pu le rebuter. Sa sollicitude paternelle pour son cher André avait été de tous les jours. Avec quel respect il parlait déjà à ce futur prêtre ! On sentait en M. Haclin l'homme de foi profonde qui comprenait la grandeur des grâces de DIEU, et qui était décidé à tout faire pour aider son fils à y correspondre. Ainsi nous le représentent les lettres que nous avons sous les yeux.

Aussi la mort de ce bon père fut-elle sensible au cœur si aimant de M. l'abbé Haclin. C'était une bien pénible préparation au diaconat. Elle devait se faire dans la voie des sacrifices et des séparations. Ainsi le voulait le bon DIEU.

C'est le samedi qui précède le dimanche de la Passion, 1844, que cette grâce lui fut accordée.

Celui qu'il a marqué d'un signe mystérieux pour en faire son ministre, « DIEU, dès le début, le couronne pour lui apprendre qu'appelé à régner, il doit se faire des mœurs royales, et régner avant tout sur lui-même. Puis, ce sont, chaque fois, des pouvoirs plus étendus, des vêtements nouveaux et plus riches, symbole des surcroîts de vertus qui doivent marquer tous ces progrès.

» Parvenu au milieu de cette carrière divine, ce noble et doux jeune homme prend la chasteté pour épouse, et, aussitôt, comme si ce vœu achevait de le purifier, ses lèvres sont jugées dignes de prier au nom de tous et de chanter officiellement les louanges de DIEU. Bientôt il peut prêcher, il peut offrir avec le prêtre le don céleste. Enfin, le jour arrive où l'Eglise tout entière, jeûnant et priant pour lui d'un bout du monde à l'autre, le lévite est fait prêtre [1]. »

Ce jour, que M. l'abbé Haclin appelait de ses vœux les plus ardents et où il allait être consacré tout entier, au dehors et au dedans, l'Esprit-Saint oignant son âme pendant que les huiles saintes oindraient ses mains, cet heureux jour lui apparaissait bien grand et bien saint. Et plus que jamais, il sentait que le Séminaire était un cénacle, d'où il devait sortir comme les apôtres, plein du Saint-Esprit et ivre de JÉSUS-CHRIST.

Le prêtre doit être saint parce qu'il est l'homme de DIEU : *homo Dei.* La sainteté de son ministère demande de lui une sainteté plus grande que celle des anges, une sainteté comparable à celle de Marie. Le prêtre est aussi l'homme du peuple, il doit se dévouer pour les âmes et les sanctifier. Il faut donc que, loin de se contenter d'une vie ordinaire, il s'élève lui-même à une grande sainteté... C'est dans ces pensées que M. l'abbé Haclin achève les derniers jours de son séminaire.

Le jour heureux de son ordination brilla enfin. Ce fut le 30 mai 1844 qu'il fut consacré prêtre pour l'éternité.

On devine avec quel sentiment de religion et de

---

1. Mgr Gay, *Sermon sur le sacerdoce.*

ferveur notre pieux ordinand reçut l'onction sacerdotale. Quelle joie pour lui et pour les siens! Quelles émotions pour son cœur, pour le cœur de sa mère et de son frère! Le regretté père contemplait avec ravissement du haut du ciel cette joie des siens sur la terre. On avait tant prié! On avait tant travaillé!

Le sacerdoce mettait le comble à son bonheur: monter à l'autel pour y recevoir son Dieu, son trésor, son tout! C'était la réalisation de tous les rêves de son enfance et de sa jeunesse, le terme des aspirations de son cœur. Il se voyait désormais investi de cette sublime fonction qui couronnait la première partie de sa vie, de ce ministère incomparable que résume admirablement l'auteur de l'*Imitation* : « Quand le prêtre célèbre, il honore Dieu, il réjouit les anges, il édifie l'Église, il secourt les vivants, il procure le repos aux morts, et se rend participant lui-même de toutes sortes de biens[1]. »

Cette joie et ce bonheur furent partagés non seulement par la famille de M. Haclin, mais par la paroisse entière et même par les pays environnants.

Quand le jeune prêtre apparut dans son pays natal pour y célébrer sa première messe, ce fut une explosion d'allégresse. Tous rivalisèrent d'ardeur pour fêter ce jour de gloire ; car c'est une véritable gloire pour une famille et une paroisse de donner

---

1. *Imitation de Jésus-Christ.* Liv. IV, ch. V.

naissance à un prêtre de JÉSUS-CHRIST. Aussi, ce jour-là, ce fut grande fête à Maucourt [1].

On connaît l'esprit de l'Église : « Elle permet qu'après l'ordination d'un nouveau prêtre, il se fasse comme un banquet nuptial. Elle assemble volontiers les parents autour de l'autel où leur fils monte pour la première fois ; et, quand l'oint du Seigneur en descend, suivi d'invisibles légions qui adorent, elle ne lui défend pas d'épancher sa joie dans le sein d'une mère [2]. »

Le bon abbé Haclin et les siens goûtèrent ces consolations.

Avec foi profonde et profond amour, il avait gravi, l'un après l'autre, les degrés qui conduisent à l'autel. Sans regarder de côté, sans regarder en arrière, montant toujours, il avait poursuivi sa route, s'en allant simplement dans la vie, et n'ayant qu'une ambition : devenir un prêtre selon le cœur de DIEU et le besoin des âmes.

Pour DIEU et les âmes, il avait formé son âme, la travaillant sur toutes les faces, dans le calme et dans la solitude, sans jamais se lasser. Ne pensez-

---

1. *En Picardie,* on appelle *Mariage* le jour où un jeune prêtre dit sa première messe et réunit ses parents et ses amis à la table du festin. Dans la pensée du villageois le prêtre se marie avec l'Église, en devient l'époux.

2. Cardinal Pitra, *Vie du V. Libermann.*

vous pas que nous pourrions le comparer à ces sculpteurs du moyen âge qui, toute une vie, travaillaient le même travail ? Il leur importait peu que le chef-d'œuvre décorât le portail ou le sommet de la tour, qu'il frappât le regard des hommes ou ne fût aperçu que des anges et des oiseaux. Ils n'y mettaient pas moins toutes leurs forces, toute leur foi, tout leur amour ; et ce n'était que justice, ils travaillaient pour Dieu. Ils travaillaient aussi pour le peuple, que ce temple devait abriter pour le sanctifier.

Ainsi devait faire le nouveau prêtre du Seigneur, le futur pasteur des âmes.

CHAPITRE V

PREMIERS ESSAIS DE MINISTÈRE PAROISSIAL

Nomination à Riencourt-Oissy-Dreuil. — Premières impressions. — Il pose les principes de sa vie de Curé. — Le modèle des curés : saint Pierre Fourier. — Initiation aux œuvres. — Presbytère d'Oissy. — Le choléra. — Dévouement. — Héroïsme. — Frappé. — Sauvé. — Lettre élogieuse de M. le Curé d'Oissy. — Le départ. — Amour du Pasteur pour ses brebis.

CHAPITRE V

PREMIERS ESSAIS DE MINISTÈRE PAROISSIAL

MONSIEUR l'abbé Haclin, après s'être aussi sérieusement préparé au sacerdoce, devait en récompense avoir un ministère fécond. Sa vie sacerdotale, du reste, allait répondre à cette si éminente préparation. Il était prêt au sortir du séminaire pour le ministère pastoral, et son évêque n'hésite point à lui confier la direction d'une paroisse. Il fut nommé curé de Riencourt-Oissy-Dreuil-les-Molliens. C'était tout un district à administrer.

Ce n'est pas sans appréhension que M. Haclin se rendit à son nouveau poste. Sans avoir l'expérience des vétérans du ministère sacerdotal, il se rendait bien compte de l'importance de la charge qui lui était confiée. En lui donnant une paroisse à diriger, c'était une lourde croix que l'on posait sur ses épaules de jeune prêtre. Il était entré chez son évêque souriant et léger, il en sortait étrangement sérieux et tout remué, il se sentait chargé d'âmes le fardeau était lourd. Mais, fortifié par les encouragements et la bénédiction du premier pasteur, il va résolument prendre possession de son poste. Il y arrive avec son enthousiasme de jeune prêtre, respirant encore le parfum de l'huile sainte qui l'a consacré. Il dit à tous ses désirs, sa volonté de se donner entièrement au bien spirituel et matériel de ses paroissiens.

Il se met courageusement à l'œuvre. La besogne, loin de le décourager, décuple ses forces. Le bien qu'il fait, les succès qu'il recueille sont indiscutables. Le pasteur et le troupeau se comprennent admirablement. La vie toute sacerdotale et tout apostolique du premier subjugue le second. Il répand véritablement autour de lui le parfum de toutes les vertus et la bonne odeur de JÉSUS-CHRIST. Et, à plus de cinquante ans de là, le même écho retentira encore sur sa tombe comme un suprême éloge.

Le digne et vénérable maire d'Oissy ' en rend témoignage dans une lettre pleine de reconnaissance et de particulière affection. Il y retrace le cadre de la vie de M. Haclin, non seulement à Riencourt-Oissy-Dreuil, où il l'a particulièrement connu, mais encore celui de sa vie à Morcourt ; tant il est vrai que M. Haclin a toujours conservé dans sa vie cette

---

unité, cette régularité qui frappaient tous ceux qui l'observaient. On eût dit qu'il travaillait à la réalisation d'un programme bien déterminé, dès le début de son ministère. Cette unité nous avait particulièrement frappé en étudiant sa vie.

Un curé est un homme établi de DIEU, parmi ses frères pour être, au milieu d'eux, un vase d'élection et un puissant instrument de salut ; c'est un autre Moïse, qui doit sans cesse s'élever sur la montagne de la contemplation, en descendre rayonnant et le front illuminé, faire monter vers le ciel, avec l'encens, les vœux et les prières, écarter les foudres vengeresses, ne songer qu'aux intérêts de DIEU et des âmes qui lui sont confiées, et être prêt à tous les dévouements, même au sacrifice de sa liberté, de son repos et de sa vie, pour les sauver. M. Haclin, nous l'avons dit, était pénétré de ces devoirs du prêtre et du pasteur. A partir de son entrée à Riencourt, il est tout entier à sa nouvelle famille, il a pour elle les entrailles du meilleur des pères. Il ne s'appartient plus ; sa vie, son temps, son repos, il n'a plus rien à lui : il est tout entier, corps et âme à ses chers paroissiens ; il les porte dans son cœur, il les aime comme la jeune mère aime son premier-né. Il pouvait dire comme saint Pierre Fourier, le curé de Mattaincourt, dont la vie de

curé a tant de ressemblance avec la sienne : « Vous
ne pourrez jamais savoir comme un curé aime ses
paroissiens, si vous ne l'êtes vous-même. Toutes les
comparaisons qu'on allègue d'une poule pour ses
petits, d'une mère pour son enfant, n'expliquent pas
assez, et tous les livres qui en parlent, ne disent pas
la moitié. Il faut l'expérience pour comprendre cette
vérité ; vous ne le pouvez savoir autrement. »

Pendant sept années, M. Haclin exerça ce ministère actif, fructueux et plein de dévouement à
Riencourt-Oissy-Dreuil. Il s'initie là, aux œuvres
qu'il entreprendra plus en grand à Morcourt. On le
voit simultanément restaurer les églises de Riencourt
et Oissy ; puis, en 1848, créer un bureau de Bienfaisance à Oissy : prélude de ce qu'il fera plus parfaitement dans la suite à Morcourt.

Mais déjà, grâce à cette initiative, il a su donner
tant d'importance à cette triple paroisse, que son
évêque sent le besoin de la dédoubler et de mettre
un autre prêtre à Oissy, qui sera érigé en succursale. Il fallait y créer un presbytère; c'est M. Haclin
qui est chargé de ce soin. On était en l'année 1848.

La première chose à faire était de trouver l'emplacement et le terrain nécessaire pour bâtir le
presbytère. M. Haclin eut bientôt remarqué ce qui
lui convenait.

C'était une propriété non bâtie, située à proximité de l'église. Mais comment acquérir cette propriété ? Il fallait des ressources. La commune en avait bien peu. Et puis, la propriétaire voudrait-elle vendre ? Elle habitait Amiens. M. Haclin, plein de son projet, va trouver cette dame, lui expose ses idées, fait surtout appel à sa générosité et à sa foi. Ce n'est pas d'une œuvre ordinaire qu'il s'agit. Céder ce terrain, c'est assurer à cette population qui le désire un pasteur.

Les premières démarches ne semblent pas indiquer une heureuse issue. M. Haclin désespère même de réussir, lorsqu'un jour il rencontre à Amiens le notaire de cette dame qui lui dit : « Monsieur le Curé, allez donc rendre visite à Mme X..., elle désire vous voir. » Le bon abbé ne se fit pas prier, escomptant un peu le résultat de cette visite. Aussitôt arrivé, et les saluts d'usage échangés : « Monsieur le Curé, lui dit-elle, vous m'avez parlé déjà plusieurs fois du champ que j'ai à Oissy et qui serait bien favorable pour y bâtir un presbytère ; j'y ai sérieusement réfléchi, je le donne à la commune avec les arbres qui sont dessus. » Tant de générosité ne devait pas laisser insensible le cœur si bon de M. Haclin. Aussi, toute sa vie, il en témoignera sa reconnaissance à cette généreuse et chrétienne famille. Dans ses dernières années, il aimait encore à en rappeler l'agréable souvenir.

Il n'eut ni le plaisir, ni la lourde charge de veiller

à la construction du presbytère d'Oissy, laquelle eut lieu en 1853.

Mais bientôt le zèle du pasteur, et le cœur du prêtre allaient être soumis à une rude épreuve.

En 1849, M. Haclin vit s'abattre simultanément sur les trois communes qui formaient sa paroisse, Riencourt-Oissy-Dreüil, le terrible fléau qui, à plusieurs reprises différentes au XIXe siècle, ravagea la France entière : je veux dire le choléra. Il y sévit avec une intensité extraordinaire. Dans la paroisse, c'était un affolement général : on ne trouvait plus personne pour ensevelir les morts. C'était là que le rôle du bon pasteur qui donne sa vie pour ses brebis commençait. On voit alors M. Haclin se prodiguer à tous, et le jour et la nuit. Bientôt ses forces s'épuisent. Il demande du secours à Amiens. Monseigneur lui envoie un bon religieux, mais que la peur saisit bien vite, et il repart. M. Haclin est de nouveau seul au poste du combat ; mais toujours intrépide, il parcourt les trois villages qu'il dessert, l'étole et le surplis sur le bras, plus vigilant que le fléau lui-même qui frappe ses victimes à l'improviste.

Un jour qu'il s'était absenté pendant quelques heures de sa paroisse, pour assister à une conférence ecclésiastique, à sa rentrée, il trouva un homme mort, frappé inopinément par la peste, et déjà enfermé dans son cercueil. — On sait avec quelle précipitation on procédait à l'inhumation des pestiférés. — M. Haclin ordonne qu'on ouvre devant lui le cercueil pour s'assurer que la mort avait bien fait son œuvre. Plus d'une fois, l'expérience avait prouvé que ce n'était pas une précaution inutile. Mais c'était là une redoutable mesure, c'était s'exposer froidement à la contagion. Il y avait là, diraient les uns, de l'imprudence, il y avait, dirons-nous, de l'héroïsme : exposer sa vie pour savoir si l'un de ses enfants que l'on va enterrer ne vit réellement plus.

Tant de dévouement, tant de courage et de vaillance devaient évidemment trouver leur récompense dans l'épreuve. Nature énergique, santé de fer, M. Haclin dépensait ses forces sans compter avec elles. Soutenu par une volonté indomptable, il allait toujours, fortifiant les uns, encourageant les autres, soignant ceux-ci, ensevelissant ceux-là. Mais tout a des limites, même les forces d'un homme courageux et infatigable ; un jour, sans s'en apercevoir, il sentit les siennes défaillir, l'abandonner. Bientôt il ressentit les premiers effets du terrible fléau, il en était atteint. Grâce à des soins énergiques, et à une volonté qui ne voulait pas s'avouer vaincue, il fut bientôt hors des atteintes mortelles du mal.

C'est à peine si la paroisse s'aperçut du danger que venait de courir son pasteur. Mais une recrudescence du choléra qui, un moment, avait paru faire relâche, lui occasionnant de nouvelles fatigues, le fit retomber, frappé une seconde fois. Le danger parut plus grand encore que la première. Dans ce fléau, on ne sait jamais où le mal s'arrêtera ; quelques heures suffisent pour vous mettre aux portes du tombeau. M. Haclin s'en rendit bien compte ; aussi, fit-il généreusement le sacrifice de sa vie pour la paroisse, demandant à DIEU d'avoir pitié de son peuple. Sa prière fut exaucée, et le bon DIEU voulut conserver, en même temps, au troupeau décimé et abattu le bon Pasteur qui avait offert sa vie pour lui, afin de le relever, de le consoler, de l'encourager.

☩

Nous ne saurions mieux faire pour retracer cette vie de dévouement, d'héroïsme, et rappeler le souvenir inoubliable laissé par M. Haclin à ses anciens paroissiens, qu'en reproduisant la belle lettre écrite à ce sujet, après une minutieuse enquête, par M. le Curé d'Oissy-Riencourt [1], un de ses successeurs,

---

1. M. l'abbé Hénocque.

Cette lettre est datée du 4 mars 1904. « Il n'y a qu'une voix pour louer le zèle, la charité, on pourrait dire l'héroïsme de M. Haclin pendant le choléra. A cette époque, il était aussi curé de Dreuil (1849), et les vieillards en ont encore les larmes aux yeux, rien qu'en prononçant son nom. La terrible maladie faisait des ravages dans les trois paroisses de Riencourt-Oissy-Dreuil. C'est alors que M. Haclin, sans compter avec la vie, montra un dévouement héroïque. Non seulement il allait soigner les malades à domicile, mais encore il leur fournissait l'argent nécessaire à leurs besoins. Il ne se gênait même pas pour préparer les aliments des jeunes enfants, quand la mère était atteinte du fléau. En un mot, il ne fut pas seulement un prêtre, il fut un père et même un héros qui accomplissait dans l'obscurité les œuvres merveilleuses de la charité, de la sainteté.

» Du reste, je crois que son souvenir demeurera à jamais vivant dans le cœur de nos populations, car disent-elles : « Il aimait tant les beaux offices, et il chantait si bien ! » Les vieux à qui j'en ai parlé ne tarissaient pas d'éloges sur son compte.

» M. Haclin restera pour nos parages le modèle accompli du prêtre et le pasteur dévoué des âmes. A entendre parler de lui, il semblerait que c'est d'hier seulement que ce bon père a quitté ses enfants de Riencourt-Oissy-Dreuil. Il faut vous dire aussi que le jour où, dans les deux paroisses d'Oissy et de Riencourt, je faisais réciter quelques prières

pour le repos de son âme, les habitants prièrent
avec tant de respect et de recueillement qu'ils n'auraient pu mieux faire pour leur propre père ; et, à la
sortie de l'office, il n'y avait dans tous les groupes
de fidèles qu'une seule conversation roulant sur la
sainteté, le dévouement de leur ancien curé. »

En 1851, Mgr de Salinis pensa que l'œuvre si
féconde de M. Haclin était achevée dans l'intéressante paroisse de Riencourt-Oissy-Dreuil, Il l'appela
alors à la direction de l'importante succursale de
Morcourt, qui comptait près de sept cents habitants.

Ce n'est pas sans un profond déchirement de
cœur qu'il quitta les chères âmes qui avaient reçu
les prémices de son sacerdoce. Toute sa vie il en
conservera le meilleur souvenir. Il avait toujours
gravées au fond de son cœur les heureuses années
passées à Riencourt-Oissy-Dreuil. Il aimait encore à
partager les joies et les peines de ses anciens paroissiens. Il écrivait, en effet, le 13 juillet 1854, au maire
de Riencourt, qui n'avait plus de curé, à l'occasion
de la nomination d'un curé à Oissy-Dreuil :

« Je viens d'apprendre dans mon presbytère
qu'un jeune prêtre était nommé à la succursale
d'Oissy. J'en bénis la Providence, et malgré trois
ans d'absence, je n'ai pas encore oublié mes anciens

paroissiens. Je les aime comme par le passé, et me sens toujours dévoré du même zèle pour leur salut....

» Etes-vous, à présent, aussi heureux que les habitants d'Oissy-Dreuil ? Avez-vous reçu la nouvelle de la nomination d'un curé pour Riencourt ? Oh ! que je serais satisfait de l'apprendre afin de partager votre bonheur. J'espère que vous me ferez connaître son nom dans une prochaine réponse.

» Si donc vous n'avez pas encore de curé, mandez-le-moi, je me mets à votre disposition, j'appuierai votre demande, je vous accompagnerai, s'il le faut, dans vos démarches, et je ne me lasserai pas que l'on n'ait fait droit à votre juste réclamation. Comptez sur ma constante amitié. »

Oui, c'était bien l'ami qui parlait, plus que cela, le pasteur dévoué qui soutenait, encourageait ses anciennes brebis, pour le moment sans pasteur. C'était toujours le même cœur, le même dévouement qui le guidait pour conduire les âmes à JÉSUS-CHRIST.

M. Haclin venait de faire les premiers essais de sa vie de Curé et de Pasteur. La période de formation était achevée ; la période d'action allait commencer.

II

PÉRIODE D'ACTION
LE CURÉ

[illegible]

[illegible]

[illegible]

[illegible]

[illegible]

LIVRE I

L'HOMME DE DIEU

CHAPITRE VI

LE PASTEUR

État du Bercail et du Troupeau. — Houlette du Pasteur. — Le Pasteur connaît, dirige et nourrit son troupeau. — Développement de la vie chrétienne.

LE PASTEUR

Arrivé à Morcourt au mois de juillet 1851, M. l'abbé Haclin prend immédiatement en mains l'administration de sa paroisse. Le premier soin du pasteur est de se rendre compte de l'état du bercail et du troupeau dont il vient prendre la garde.

Dans un rapport qu'il adresse à son évêque le 23 décembre 1851, lui-même en fait la description : « L'église demande de grandes réparations. — Il voit l'œuvre qu'il a à faire. — La paroisse est encore bonne. L'esprit de foi est encore vivace ; bien qu'il y ait passablement de vide le dimanche à la messe, à peu près un tiers de la population y assiste. Toutefois on ne travaille point, sauf en moisson.

» Tant hommes que femmes, il y a encore deux cents personnes qui font leurs Pâques. — La paroisse avait alors 675 habitants. — Jusqu'à ce jour, les doctrines subversives de la religion et de l'ordre social ne paraissent pas avoir fait trop de ravages dans ce pays. Il y a cependant plusieurs raisons de croire qu'elles y ont quelques adeptes, mais elles ne paraissent pas exercer beaucoup d'influence. L'espoir de s'enrichir a pu égarer quelques personnes dépourvues des biens de la fortune, criblées de dettes, sans courage et amies de la bonne chère ; mais il m'a été assuré que la plupart se porteraient difficilement à des actes de spoliations, encore moins à des actes de cruauté. Si autrefois il y a eu des moments d'effervescence, tout paraît à présent rentré dans le calme. Malgré cela, je ne prétends pas que ces esprits malades soient désenchantés de leur système, peut-être se résignent-ils au silence en désespoir de cause. »

Cette manière d'apprécier la situation religieuse et sociale de sa nouvelle paroisse nous donne de suite le programme de M. Haclin dans la direction qu'il va lui imprimer. Cette direction sera en effet religieuse et sociale.

Connaissant le terrain sur lequel il était appelé à travailler, il allait se mettre courageusement à l'œuvre. Son travail n'y sera pas vain, et, le sol défriché, la semence qu'il y jettera produira des fruits abondants. Il montrera par là qu'il avait vu juste, et que sa méthode était la vraie.

« De tous les titres que Notre-Seigneur s'est donnés et qu'il a bien voulu partager avec ses prêtres, il n'en est pas de plus sympathique que celui de Pasteur.

» Les autres dominateurs intitulent leurs conquêtes : un empire ; celui-ci donne à la sienne le

ÉGLISE DE MORCOURT

VUE EXTÉRIEURE

doux nom de bergerie. Dans l'État, toute agrégation de citoyens s'appelle une ville ; dans l'Église, les familles spirituelles s'appellent un bercail : aussi, aux magistrats des cités DIEU donne un glaive pour les défendre, aux pasteurs une houlette pour les garder.

» Et cette image pieuse a tellement frappé le cœur du monde, qu'elle n'a rien perdu de son charme patriarcal, même pour les âmes blasées de notre temps. Cependant, voilà de longues années qu'elle est populaire parmi les chrétiens, car la première figure, essayée par la naïve peinture de nos aïeux aux catacombes, fut celle du bon Pasteur portant sur ses épaules la brebis retrouvée.

» Il y a plus, le sentiment philosophique du jour qui est peu favorable aux apôtres, aux docteurs, aux confesseurs, et même aux martyrs, décerne volontiers son admiration et ses vers au bon Pasteur, et les deux types du catholicisme les moins exposés aux sourires du monde sont : la Sœur de charité et le curé de village [1]. » Balzac s'est plu à dramatiser le doux prestige et l'heureuse influence sociale du « curé de village » dans des pages qu'on ne saurait lire sans émotion. Lamartine l'a chanté dans des vers inoubliables. Louis Veuillot, avec une plume infiniment plus chrétienne, en a écrit des pages émouvantes et pleines de charme. C'est bien la peinture vraie du bon Pasteur qui nourrit son troupeau, le connaît et le garde.

---

[1] P. Caussette. *Manrèze du Prêtre*, T. I. p. 263.

Le pasteur est un apôtre. Telle est la vie de M. l'abbé Haclin, il est pasteur et apôtre. Et cette vie, qui est tout entière dirigée vers l'apostolat, allait prendre avec les âmes un contact plus fort et plus intime. Il est bien le pasteur qui connaît, dirige et nourrit. Il ne s'occupe point seulement de la restauration de la bergerie, qui est le temple de DIEU où se réunit le troupeau, ni même de la beauté et de la régularité des cérémonies du culte qui s'y déploient dans toute leur majesté ; mais ce sont les brebis elles-mêmes, c'est-à-dire les âmes, qu'il veut atteindre directement.

Ce qu'il veut, dans ce bercail qu'est sa paroisse, c'est d'y faire grandir et fleurir la vie chrétienne. Il ne négligera rien pour cela : catéchismes, instructions, direction, formation des âmes, cérémonies religieuses, établissement des grandes œuvres, tout sera employé... C'est dans les gras pâturages du CHRIST qu'il fera paître son troupeau. Et suivant la parole d'Isaïe[1] : « Il conduira son peuple comme le berger son troupeau ; il rassemblera les agneaux, il les pressera dans ses bras et les réchauffera sur son sein ; il prendra soin des mères. »

---

1. Is., XL, 11.

Aussi, est-ce avec le plus grand soin que M. l'abbé Haclin suivait le développement, ou le ralentissement de la vie chrétienne dans sa paroisse.

Tout ce qui pouvait développer chez ses paroissiens leur grand esprit de foi et attirer sur eux de plus grandes bénédictions, il ne négligeait point de l'employer.

Il savait la puissance du Chemin de la Croix pour entretenir la piété chez les fidèles. Dès 1851, à son arrivée, il écrit : « Convaincu du précieux avantage attaché à l'exercice du Chemin de la Croix, désireux d'en jouir et d'y faire participer les fidèles de la paroisse, dans l'espoir aussi de soulager par ce moyen les âmes du Purgatoire, j'ai introduit l'usage de faire en public le Chemin de la Croix, le premier dimanche du mois. »

Ce Chemin de la Croix, il le faisait encore le lundi de la fête de Morcourt, sur le soir. Évidemment, dans la pensée du vigilant pasteur, c'était une réparation aux désordres qui pouvaient s'y produire.

Le pieux curé qui favorisait ainsi le développement de la vie chrétienne dans sa paroisse, prenait ses mesures pour essayer d'en empêcher le ralentissement.

Il avait pour cela dressé un tableau très intéressant des pâques, renfermant le nom de chaque famille avec les noms des communiants dans chacune d'elles, et en face le nombre de communions pascales faites chaque année. Ainsi, par exemple : famille X., communiants, quatre; communions, trois. Quatre personnes devaient faire leurs pâques, trois seulement les avaient faites.

Avec ce tableau, il se rendait compte de la situation de sa paroisse à ce point de vue. Il lui était alors plus facile d'y remédier. Aussi, se faisait-il un devoir de visiter les retardataires la dernière semaine pascale. C'était le zélé pasteur qui courait après la brebis égarée ou attardée pour la faire rentrer au bercail.

CHAPITRE VII

L'APOTRE.

Sermo pedestris. — Secret de l'Apostolat. — Voix de la Prière. — Sanctification du Dimanche. — Le Catéchisme. — La Prédication. — Les Missions.

CHAPITRE VII

L'APOTRE.

IL est pour le bon pasteur un genre d'apostolat qu'il ne saurait négliger : c'est l'apostolat de la conversation, cet apostolat de plain-pied, *sermo pedestris*, qui s'exerce dans la rue, dans les champs, au foyer de famille, au chevet du malade. Qui pourrait dire le nombre d'âmes ramenées ou conservées à DIEU par ce genre de prédication, surtout quand le cœur est de la partie ?

L'abbé Haclin avait compris qu'il ne commencerait à faire du bien à ses paroissiens, que lorsqu'il s'en serait fait aimer. Or, il y a un secret pour se faire aimer, et le curé de Morcourt possédait ce secret : il aimait.

En voyant ce qu'est l'âme du peuple, beaucoup s'attristent et se demandent : que faire ? Que faire pour rendre les hommes meilleurs ?

Mon Dieu ! la réponse est à toutes les pages de l'Évangile : il faut les aimer... les aimer quand même, les aimer toujours. DIEU a voulu qu'on ne fît du bien à l'homme qu'en l'aimant. « La charité, a-t-on dit, est la première puissance pour gouverner les hommes, pour les relever de leur abjection, les grandir à leurs propres yeux et les pousser parfois jusqu'à l'héroïsme. Le monde appartient à qui l'aimera davantage, et le lui prouvera le mieux [1]. Voilà une belle parole, dont la vie tout entière de M. Haclin a été l'éclatante démonstration.

Oh ! comme il aima ses paroissiens ! A peine installé au milieu d'eux, il voulut tout voir avec ses yeux, tout connaître avec son cœur, tout réjouir par sa présence, se faire tout à tous pour les gagner tous à Jésus-Christ. C'est le sublime devoir du pasteur, il ne croyait jamais l'avoir assez rempli. Sa charité, qui songeait à tout, savait se servir de tout, et savait aussi supporter tout.

Il ne se contentait pas de ces rapports généraux où le prêtre, étant l'homme de tout le monde, n'est pas assez l'homme de chacun ; il saisissait la moindre occasion de donner individuellement à ses paroissiens des marques privées et directes de son estime et de son dévouement, en sorte que chacun pouvait se croire uniquement aimé. Ouvert, complaisant, affable envers tous, sans descendre de sa dignité, et sans cesser un instant d'être prêtre, il n'aurait pas rencontré un enfant dans la rue sans s'arrêter pour le saluer et lui adresser à travers un sourire quelques mots aimables. On sait combien cette conduite est appréciée à la campagne.

Et lorsque, parfois, il rencontrait de ces esprits étroits, bornés, qui ne savent ou ne veulent rien

---

1. L'abbé Mullois, *Manuel de Charité.*

comprendre, — il s'en trouve partout — avec quelle douceur, quelle bonté il savait les supporter.

Et si vers les champs il dirigeait ses pas, c'était toujours dans le but d'y retrouver ses paroissiens au travail, pour leur faire lire partout écrits dans le grand livre de la nature le nom de DIEU et ses bienfaits, et leur faire redire avec le poète :

> Oh ! qui peut lire ainsi les pages du grand livre
> Ne doit ni se lasser, ni se plaindre de vivre.

Après les avoir ainsi excités à supporter la dure loi du travail, il s'efforçait de leur en montrer le bienfait, surtout dans l'observance de *ses devoirs*. Il en profitait, pour leur rappeler la loi divine de la prière quotidienne qui sanctifie les labeurs de chaque jour.

Comme il lui était facile, au milieu de cette belle nature où tout chante le Créateur, de leur dire : priez !

Quand tout dans la nature s'éveille le matin, est-ce que tout ne nous crie pas : priez ?

Quand le soleil bienfaisant se lève, et que la moisson jaunissante s'annonce riche d'espérance, est-ce qu'ils ne nous disent pas encore : priez ?

Quand au loin dans la vallée, les ombres du soir

enveloppant déjà la terre, les cloches lancent dans les airs leurs joyeux carillons, se répondent les unes aux autres, nous annonçant l'Angelus, en nous invitant à remercier notre divin Bienfaiteur : est-ce qu'elles ne nous disent pas aussi : priez ?

Oh ! la voix de la prière ! elle entre par toutes les portes de notre âme.

Et n'est-ce pas à la prière que Lamartine adressait cet hymne sublime :

> Prière ! O voix surnaturelle
> Qui nous précipite à genoux ,
> Instinct du ciel qui nous rappelle
> Que la patrie est loin de nous.
> Le cœur des mères te soupire,
> L'air sonore roule ta voix,
> La lèvre d'enfant te respire,
> L'oiseau t'écoute aux bords des bois :
> Tu sors de toute la nature
> Comme un mystérieux murmure
> Dont les anges savent le sens :
> Et ce qui souffre, et ce qui crie,
> Et ce qui chante, et ce qui prie,
> N'est qu'un cantique aux mille accents [1].

Mais c'est surtout la grande loi du repos et de la prière du Dimanche que M. Haclin s'ingéniait à rappeler à ses paroissiens. Et si le Dimanche est encore bien sanctifié à Morcourt, il faut reconnaître

---

[1]. Lamartine, *Les Laboureurs*.

que c'est grâce à l'influence du curé. Il est vrai de dire que cette divine loi du travail et du repos, cette alliance nécessaire de l'action et de la prière, personne ne doit mieux la comprendre que l'homme des champs. Ses travaux de chaque jour sont autant d'actes de foi. Sa vie se passe dans les rapports les plus intimes avec DIEU. Il est toujours forcé d'attendre de la Providence quelque chose que son travail ne saurait produire. Il n'arrache du ciel, quoi qu'il fasse, autrement que par la prière, ni une goutte d'eau pour ses blés, ni un rayon de soleil pour ses vignes ; il n'a aucun moyen d'empêcher la pluie de noyer ses moissons ou la sécheresse de les dévorer. Il se sent donc dans la dépendance de DIEU. Pour faire sortir de terre les fruits et les moissons, DIEU et l'homme s'unissent en une mystérieuse association de volonté, de force et de coopération. La main de DIEU donne la semence, la main de l'homme la répand ; celle-ci ouvre le sillon, celle-là y verse la rosée ; pendant que l'une se repose à cause de sa faiblesse, l'autre complète et perfectionne l'ouvrage.

Et souvent M. Haclin répétait à ses paroissiens cette parole du Bienheureux Curé d'Ars : « Le Dimanche, c'est le bien du bon DIEU, c'est son jour à lui, le jour du Seigneur. De quel droit touchez-vous à ce qui ne vous appartient pas ? Vous savez que le bien volé ne profite jamais. Le jour que vous volez au Seigneur ne vous profitera pas non plus. Je connais deux moyens très sûrs de devenir pauvre : *c'est de travailler le Dimanche, et de prendre le bien d'autrui.* »

Sous l'action continue de cet enseignement, les liens qui rattachent l'homme à DIEU et à son semblable se reformaient plus puissants, et, quand venait le jour du Seigneur, la paroisse de Morcourt présentait le spectacle consolant qu'un de nos plus célèbres orateurs a si admirablement décrit : « Les voies publiques se couvrent d'une multitude ornée de ses meilleurs habits. Tous les âges y paraissent avec leurs espérances et leurs peines, les unes et les autres tempérées par un sentiment plus haut de la vie. Une joie fraternelle anime les gens qui se rencontrent, le serviteur est plus proche de son maître, le pauvre est moins éloigné du riche ; tous, par la communauté du même devoir accompli et par la conscience de la même grâce reçue, se sentent plus étroitement les fils du même Père qui est au ciel. Le silence des travaux serviles, compensé par la voix joyeuse et mesurée des cloches, avertit les hommes qu'ils sont libres et les prépare à supporter pour DIEU les jours où ils ne le sont pas. Rien d'austère n'obscurcit les visages : l'idée de l'observance est modérée par celle du repos et l'idée du repos est embellie par l'image d'une fête[1] ».

---

1. Lacordaire. *Conférences de Notre-Dame.*

C'est surtout aux enfants que cet homme de DIEU aimait à inculquer ces vérités essentielles. Son apostolat prenait alors une forme particulière, forme, il est vrai, qui n'était pas nouvelle, puisqu'elle est par excellence celle que l'Eglise a employée dans tous les temps : *Le Catéchisme*. Mais il faut reconnaître qu'au XIXe siècle, cette méthode d'enseignement religieux prit un grand développement, et fut couronnée d'un réel succès. Elle produisit également un grand bien, car, suivant la remarque d'un pieux auteur : « Les catéchismes parfaitement faits sont des semences de vertus pour toute la vie et une pépinière de remords pour ceux qui sont tentés plus tard d'abandonner les voies du salut. C'est par la base qu'il faut reconstruire l'édifice spirituel. Les enfants solidement instruits de la religion, voilà l'espoir de l'avenir. »

M. Haclin vivait trop dans le mouvement religieux de son siècle pour ne pas l'avoir observé, et profité de ses lumières. Il était trop convaincu de l'utilité du catéchisme pour ne pas y apporter toute l'attention de son zèle. Rien n'égalait sa sollicitude pour les enfants du catéchisme. Il pouvait dire avec le poète :

> J'enseigne les enfants, je me fais leur nourrice,
> Je donne goutte à goutte à leurs lèvres le lait
> D'une instruction simple et tendre et qui leur plaît[1].

Nous avons entre les mains un petit cahier de notes pour ses catéchismes, qui indique combien il les préparait sérieusement. Rien de plus simple et de plus clair, chaque mot y est expliqué, on sent qu'il s'efforce d'ouvrir ces jeunes âmes aux divins enseignements de JÉSUS. Il voudrait éveiller en elles le sens chrétien, les imbiber de l'esprit de l'Evangile. Il s'efforce de leur faire sentir et goûter la saveur familière de la Bible et de l'Evangile. Les enfants sentent et pressentent bien plus qu'ils ne comprennent. Le catéchiste « plante, sème ; DIEU arrosera, et fera fleurir et fructifier. »

Ce prêtre à l'extérieur austère attire les enfants. Il leur inspire le respect, la docilité, la confiance. Ah ! sans doute, c'est parce qu'ils se sentent aimés de lui ; c'est parce que, à l'exemple du Sauveur, il aime à s'entourer de ces chers petits, à leur parler comme un père, à les bénir, à leur raconter des traits édifiants, à récompenser leurs efforts. Par sa bonté, sa douceur, son dévouement, par ce reflet de candeur et d'innocence qui rayonne autour de lui, il se les attache, il se concilie leur affection et leur reconnaissance.

Il aime à les confesser souvent pour tenir leur

----

1. Lamartine. *Le Presbytère.*

âme en état de bien recevoir l'enseignement divin. Aussi, avec quel soin il les prépare à leur première communion ! Et comme il était heureux d'entendre ces chers enfants lui dire, au lendemain de ce beau jour, leurs pieux remerciements.

Ces échos d'amour et de reconnaissance, au souvenir du dévoué catéchiste et du vénéré Pasteur de la première communion, ont retenti jusque sur sa tombe ; ils s'élevaient en une inviolable protestation de fidélité à ses enseignements.

« Presque tous nous avons été ses élèves sur les bancs du catéchisme, s'écriait l'un d'eux. Rappelons-nous ses exhortations par lesquelles il nous enseignait les devoirs de notre sainte religion, seule capable de nous instruire de nos devoirs d'hommes, de citoyens et de chrétiens. Aussi, Monsieur le Curé, ne craignez point, dans la tempête qui menace notre foi, de la voir sombrer par l'oubli de vos enseignements. »

La tenue de ses catéchismes, pour se rendre compte de l'instruction des enfants et de leur assistance aux offices du Dimanche, de même que pour les confessions, était remarquable. Il dresse des tableaux particuliers où tout est noté, et où, d'un seul coup d'œil, il peut se rendre compte de l'état de l'enfant.

Il savait rendre ses catéchismes attrayants et instructifs.

« Il faut, écrivait Bossuet, il faut faire le caté-

chisme, non seulement aux enfants, mais principalement aux pères et mères de famille, aux grandes
personnes. » Le zélé curé de Morcourt n'avait pas
besoin de convoquer les grandes personnes à ses
catéchismes, elles y assistaient d'elles-mêmes.

Aussi, ses prédications n'étaient que le développement de ses catéchismes. Il avait trop conscience
de sa charge pour ne point s'acquitter avec grand
soin de ce ministère auguste de la parole de DIEU.
N'était-ce point en face de ce devoir si grave que
l'apôtre saint Paul écrivait aux Corinthiens : « Malheur à moi si je ne vous annonce point l'Evangile
du salut[1] ». Ses instructions, toujours sérieusement
préparées, étaient claires, solides, pieuses, pleines de
simplicité. Il n'avait qu'un but : faire du bien aux
âmes. C'était toujours pour lui une consolation de
parler du bon DIEU, de la Sainte Vierge et des
Saints. Ses homélies du Dimanche étaient toutes
paternelles. C'était le père de famille qui parlait à
ses enfants, leur indiquant leurs devoirs, faisant ses
recommandations, et les prémunissant contre les
attaques des ennemis de leur foi. Sa parole avait
une saveur évangélique, c'était là toute son éloquence. Elle remuait les âmes.

1. I Cor., IX, 16.

Le Curé de Morcourt ne se contente pas seulement de prêcher lui-même à ses paroissiens, il sait qu'à certaines époques, pour réveiller les consciences endormies, il est bon qu'une voix nouvelle vienne se faire entendre. Circonstances heureuses qui permettent aux âmes en retard avec le bon Dieu de se rapprocher de Lui, et de rendre aussi plus de force et d'énergie à celles qui sont languissantes. Ce sont là les heureux effets d'une mission. M. l'abbé Haclin, toujours si attentif à procurer le bien de ses paroissiens, n'avait garde de manquer de recourir à ce moyen énergique et salutaire. Tous les dix ans, régulièrement, il appelait à Morcourt de zélés missionnaires. C'étaient des années de grâces et de bénédictions pour la paroisse, et certainement l'un des moyens puissants qui l'ont aidée à se maintenir dans son grand esprit de foi.

Entre deux missions, il ne négligeait pas les occasions qui se présentaient pour faire donner à sa paroisse des prédications extraordinaires. Les jubilés les lui fournissaient.

En un mot, le zélé curé se montrait en tout et partout l'apôtre de sa paroisse. Il savait surtout profiter des moyens que la vitalité de l'Église mettait à sa disposition. Qu'y avait-il de plus utile pour rendre la vie chrétienne à une paroisse que les missions? Elles ont été un des grands moyens d'apostolat au XIXᵐᵉ siècle. Cette observation n'a pas échappé à l'esprit attentif de M. Haclin. Il sut s'en servir comme œuvre d'apostolat.

CHAPITRE VIII

LE DIRECTEUR

Le Confesseur : Relever. — Encourager. — Fortifier. — Formation forte, énergique. — Amour du travail et des grandes choses. — Impressions produites sur les âmes. — Haute idée du Sacerdoce. — Les Siens. — Sages avis. — Epreuves. — Pourquoi il sait consoler. — Consolations. — Le Ciel. —

CHAPITRE VIII

LE DIRECTEUR

Monsieur l'abbé Haclin ne se contentait pas seulement d'exciter les âmes à marcher dans le chemin de la vertu par l'éclat de la parole de Dieu. C'était encore dans les directions particulières, au saint tribunal de la pénitence, qu'il poussait les âmes d'élite à la pratique de toutes les vertus. Le but de ses prédications était bien de diriger toutes les âmes vers Dieu, de leur signaler les dangers qui les menacent, leur indiquer même les maladies dont elles sont atteintes; mais il n'était vraiment heureux, et ne chantait victoire que lorsqu'il les avait amenées repentantes et sollicitant leur pardon aux pieds du divin Maître.

Pour lui la scène changeait alors; c'est à chacune de ces âmes en particulier qu'il s'adressait; il voyait sous ses yeux la grandeur des plaies dont elles étaient atteintes, en sondait la profondeur, en découvrait le venin, et savait y appliquer le remède infaillible. Et comme le Psalmiste on peut dire : *Qu'il les a*

Un Curé Picard.

*nourries dans l'innocence et les a conduites d'une
main sage et prudente* [1]. Aussi, les fruits donnés par
cet apostolat ne sont pas les moins beaux. Il s'en
élève, comme de la terre au printemps, de suaves
émanations. Et, s'il sut conserver à sa paroisse ce
cachet de piété qui la caractérise parmi les paroisses
environnantes, c'est assurément grâce à l'influence
qu'il exerçait au tribunal de la pénitence. Il n'est,
en effet, pas un prêtre qui ne sache que, s'il lui est
arrivé d'espérer quelque bien, d'exercer quelqu'influence, de toucher les cœurs, de convertir les âmes,
c'est au confessionnal qu'il lui a été donné de
le faire. Supprimez la confession, et le ministère
du prêtre devient à peu près stérile. C'est ce que
sentait et comprenait fort bien M. Haclin. Aussi,
apprenait-il de bonne heure ses enfants du catéchisme à se confesser. Et quand approchait l'époque
de la première communion, c'est presque chaque
semaine qu'il voyait ces enfants au saint tribunal.
Cette pieuse habitude de la confession contractée
dès la jeunesse, un grand nombre y persévérait
toute leur vie.

C'est grâce à ses pieuses exhortations, et à ses
saintes directions, qu'il forma dans sa paroisse un
noyau de bons chrétiens et de ferventes chrétiennes.
Plusieurs de ces âmes quittèrent Morcourt pour se

---

1. Ps. LXXVII, 72.

retirer dans le cloître. La reconnaissance qu'elles lui gardèrent fut très grande. L'une d'elle lui écrivait : « Dans l'impuissance où je suis de vous témoigner la reconnaissance que je vous dois, chaque jour, je remets entre les mains et dans le Cœur de JÉSUS tous vos intérêts spirituels et temporels, persuadée qu'ils ne peuvent être mieux placés, car ce bon Père ne peut vouloir que ce qui nous est le plus avantageux.

» Je vous remercie des bons conseils que vous avez bien voulu me donner dans votre dernière lettre, ils me font toujours du bien, et c'est avec bonheur que je les reçois. »

Une autre lettre dit sa reconnaissance et son merci à ce dévoué pasteur pour l'encouragement, le relèvement et le soutien accordé dans l'épreuve : « Vous m'avez entourée dès ma plus tendre enfance de vos soins paternels. C'est vous qui m'avez formée, dirigée dans les sentiers qui conduisent au vrai bonheur... Et, plus tard, lorsque je me suis trouvée abattue sur le chemin de l'épreuve et des souffrances, c'est vous encore qui m'avez relevée et soutenue afin que je ne succombe pas... Enfin, partout et toujours j'ai trouvé en vous un Père tout dévoué. Aussi, toutes vos bontés sont gravées au fond de mon cœur !... Je prie le bon DIEU d'être lui-même votre récompense, car je me sens incapable de vous témoigner la reconnaissance que je vous dois et que vous méritez. »

Mais, ce n'était pas seulement sur les âmes d'élite que M. l'abbé Haclin exerçait une si heureuse et si sainte influence; ses sages directions, et la formation forte et énergique, qu'il donnait aux jeunes gens qui eurent le bonheur de l'avoir pour premier éducateur, restèrent gravées pour toujours au fond de leur cœur. Il savait leur inspirer un grand amour du travail en même temps qu'une foi profonde. Oh ! comme il devait être heureux en lisant une lettre telle que celle-ci, que lui écrivait un de ses anciens élèves et son cousin [1].

« Paris, 4 Juin 1870.

» Très cher Cousin,

» 11 h. 1/2 du soir. — Je n'en puis plus, et la poitrine me brise ; les yeux fatigués à force de veiller, la tête embarrassée, je tombe de lassitude. Ah ! elle est bien ennuyeuse la vie que je mène ici. Depuis trois semaines, je veille jusque minuit, et me lève à quatre heures pour travailler, j'ai même passé des nuits entières, mais j'ai trouvé que c'était se tuer tout à fait.

» Grands sont les progrès que j'ai faits, mais je ne m'en contente pas encore. Sans vanité, je puis dire que je ressemble à ces corps que l'on rencontre dans la nature, qui pompent davantage les liquides

---

1. M. le docteur Decourtieux, alors étud'ant en médecine à Paris.

à mesure qu'on les imbibe ; plus j'apprends, plus je veux apprendre; lorsque j'ai fini l'histoire, je me mets à la philosophie et je la dévore, tant je suis pressé d'étudier autre chose. Je voudrais pouvoir embrasser toutes les études et les mener à leur fin, je sais que c'est impossible ; aussi ce n'est qu'un rêve formé par mon imagination malade, c'est comme si je voulais voir l'infini, ce qui ne se peut, puisque nous ne pouvons seulement le concevoir, nous pouvons encore moins le présenter, mais l'apercevoir jamais.

» Que je regrette, cher Cousin, d'avoir commencé mes études, de n'être pas resté chez mes parents ! Là, j'aurais joui de ces plaisirs qui, bien que simples, n'en sont pas moins doux, — de ces plaisirs que l'on ne peut goûter que dans les campagnes. En présence de ces merveilles de la nature qui nous démontrent à elles seules l'existence d'un DIEU, d'un Etre Suprême devant qui tout doit s'abaisser, j'aurais vécu à l'ombre de ces arbres qui ont ombragé mon enfance, et le soir, harassé de fatigue, j'aurais mangé un morceau de pain gagné à la sueur de mon front ; le pain du laboureur ! Heureux ceux qui vivent ainsi ! Que leur sort est digne d'envie !

» Ne croyez pas que je faiblisse, cher Cousin, non, au contraire, je suis toujours animé du plus grand courage et des meilleures intentions, malgré la perspective d'un labeur un peu long et de difficultés prochaines ; aussi, je me prépare à les affronter sans peur, ces difficultés.

» 4 heures du matin. — Je me lève, cher Cousin ; que le ciel est beau ! Voyez ces nuées qui paraissent noyées dans un ciel d'azur ! Oh ! oui, tout cela est grand, sublime ! Que tes ouvrages, ô mon DIEU, sont magnifiques ! Et dire qu'il y a des hommes assez insensés pour nier ton existence en apercevant de telles merveilles ! Je vous plains, pauvres aveugles ! Fasse le ciel, que moi, je puisse toujours rester dans le sentier de la vertu !

» Voilà le beau temps revenu : loin de me réjouir, il ne m'en fait que plus regretter ce modeste presbytère où j'ai vécu près de vous et à l'abri de soins presque maternels. Adieu, mon cher Cousin, j'ai une dissertation à faire pour huit heures.

» Adieu, mon Cousin, je vous embrasse affectueusement et croyez-moi toujours votre reconnaissant élève.

» Decourtieux. »

Avec l'amour du travail et des grandes choses, tel que nous venons de le voir développé dans son ancien élève, M. Haclin savait aussi inspirer l'amour et le respect du prêtre, en même temps qu'une grande idée du Sacerdoce. Il y avait chez lui quelque chose de si élevé, de si hautement sacerdotal que le souvenir en restait profondément gravé dans la mémoire de ceux qui l'avaient connu. Une parole de l'un de ses anciens élèves, lorsqu'il était curé de Riencourt-Oissy, dit tout à ce sujet : « Jamais, disait-il avant de mourir, il ne me serait venu à l'idée de penser, et encore moins de dire du mal des prêtres. » Cette haute idée du sacerdoce catholique, il l'avait puisée à l'école de M. l'abbé Haclin. En effet, durant toute sa vie sacerdotale, celui-ci laissera du prêtre cette impression profonde dont parle Dante [1] : « Qu'il était l'envoyé du CHRIST, » l'Homme de DIEU, *Homo Dei*.

Qui dira le bien accompli dans ses directions par ce vrai prêtre, doux et bon à l'exemple de son divin Maître ?

Ce ministère, il le prodiguait, non seulement aux âmes dont il avait la charge, mais à toutes celles qui venaient à lui pour être relevées, soutenues, consolées, fortifiées.

Sa famille, elle aussi, en ressentait les plus heureux effets. Car s'il avait quitté les siens pour travailler au salut de ses frères, il n'avait pas cessé pour cela de les aimer.

On a souvent cru que, lorsque le prêtre quittait sa famille pour se consacrer au salut des âmes, il devait oublier ses proches, leur enlever en quelque sorte l'affection de son cœur. C'est là une erreur

---

1. Dante. *Il parad.*, c. XIII.

profonde, car, si Notre-Seigneur lui a dit : « Quitte ton père et ta mère pour travailler au salut de tes frères », il ne lui a pas dit : « Cesse de les aimer ».

Au contraire, plus le cœur du prêtre se rapproche de Dieu et des âmes, plus aussi son cœur se rapproche de ceux qui lui sont unis par les liens du sang. L'amour surnaturel qui embrase son cœur, il voudrait le faire partager davantage encore à ceux qui lui sont les plus chers sur la terre. Il voudrait les voir participer à toutes ses pensées, partager tous ses sentiments, qui sont les sentiments du Cœur de Jésus. Alors, il y a dans les relations du prêtre avec sa famille quelque chose de plus délicat, de plus intime, de plus sacré. Or, M. Haclin avait ce bonheur de savoir tous ses parents profondément attachés à leur foi. Aussi, quelle affection et quelle cordialité dans toutes leurs relations, dignes en tout du ministre de Jésus-Christ !

L'amour qu'il avait pour son père et sa mère était un véritable culte. Quand il parlait d'eux dans ses conversations, on sentait en lui la reconnaissance profonde qui remplissait son cœur. Nous avons vu en quelles circonstances douloureuses et particulièrement pénibles il perdit son excellent père.

Il eut le bonheur de conserver sa pieuse mère plus longtemps. Il jouit de son affection de longues années. Mais quel que soit leur âge, c'est toujours pour nous une profonde douleur et un véritable brisement de toutes les fibres de notre cœur de voir disparaître celle que nous avons la plus aimée sur la terre : notre mère ! Il semble qu'elle ne devrait jamais mourir. Et cependant le 18 août 1863, Mme Haclin, née Catherine Elisabeth Legrand, fut ravie, à l'âge de 79 ans, à l'affection filiale de M. l'abbé Haclin.

Tout son amour alors se reporta d'une manière particulière sur son frère Aimé-Charles-François et ses deux enfants.

Les lettres qu'il écrivait aux siens étaient pleines d'abandon, de tendresse et de bonté, les visites que ceux-ci lui faisaient allaient droit à son cœur. Comme il aimait à les recevoir souvent ! Il ne se passait point une fête à Morcourt qu'il n'eût un ou plusieurs membres de sa famille à sa table. Il leur écrivait des lettres comme celle-ci, pleines de tendresse : « Mes bien-aimés, comme le temps passe vite ! Voilà déjà dix jours que j'ai eu le plaisir de vous voir. Encore huit jours, et nous serons à la fête patronale de ma paroisse. J'espère bien que ce jour-là, au moins, nous nous reverrons à plusieurs, si mon frère n'exécute plus tôt sa promesse. Oh ! que de fois elle m'est revenue à la mémoire ! »

Tout ce qui intéressait sa famille l'intéressait. Rien de grave ne s'y passait qu'il ne fût invité à donner son avis, et il le donnait avec la plus grande affection. Cet avis révélait toujours la plus profonde sagesse et un grand esprit de justice, mais il ne l'imposait jamais. Un jour, il terminait ainsi une de ses lettres, dans laquelle il discutait de graves intérêts de famille, où se trouvait engagé l'avenir de personnes chères : « Telles sont, mes bien-aimés, les observations que je crois devoir vous adresser dans votre propre intérêt, n'en soyez pas mécontents. Je ne refuse pas d'écouter les vôtres, quand il vous fera plaisir de venir à Morcourt. Vous savez combien je vous aime tous. Aussi, je vous embrasse dans les étreintes de l'affection la plus intime. »

M. l'abbé Haclin avait une sorte de culte pour sa famille. Il lui était entièrement dévoué. Ses joies étaient ses joies, ses peines étaient ses peines ; il les partageait toutes. C'est dans les grandes circonstances surtout qu'il montrait à ses parents combien il leur était attaché. Alors ce n'étaient plus seulement des paroles qu'il leur adressait ; les discours, les poésies traduisaient mieux sa pensée. Il leur montrait ainsi davantage combien son affection était surnaturalisée, et combien il désirait élever leurs cœurs à la hauteur du sien.

C'est surtout dans l'épreuve que M. Haclin se montre un conseiller sûr, fidèle, plein de bonté. Il emploie les moyens les plus délicats pour cicatriser les plaies les plus sanglantes.

Il est aussi certaines blessures que l'on ne parvient à guérir qu'en les rouvrant de nouveau délicatement, au moment où la douleur a parfois besoin de se traduire violemment au dehors. On souffre toujours, il est vrai, mais sous le coup du scalpel la douleur paraît moins cuisante, elle a je ne sais quoi de doux, de tendre qui vous calme, vous apaise, et fait qu'on souffre presque avec bonheur. On dirait qu'il fait même bon alors de souffrir.

L'abbé Haclin avait ce tact particulier de savoir rappeler ces poignants souvenirs, de rouvrir même ces cruelles blessures en des circonstances spéciales qui, loin de renouveler une nouvelle douleur, jetaient dans l'âme de ceux qui lui étaient chers un rayon de douce joie.

Au reste, si lui-même savait consoler, il faut bien dire qu'il l'avait appris à la rude école du sacrifice. Et quand la mort viendra, triste, lugubre, foudroyante, frapper au milieu des siens, se déconcertera-t-il ? Fera-t-il entendre une plainte amère ? Non. Malgré l'imprévu de ses coups, il est prêt à les recevoir.

Sa chère nièce est inopinément enlevée à l'affection de tous. Pour son cœur, c'est un terrible déchirement. Mais pas une plainte ne lui échappera. La première parole qui sortira de ses lèvres sera celle du saint homme Job :

« Le Seigneur nous l'avai donnée, il nous l'a
ôtée, que son saint nom soit béni ! » Et lui-même
alors se fait le consolateur de tous. L'épreuve était
pour lui comme le creuset où s'achève l'œuvre de la
purification.

✠

Mais deux ans s'étaient à peine écoulés qu'une
mort plus foudroyante encore vint jeter sa famille
dans un nouveau deuil, plus lugubre, plus effrayant.
Un de ses arrière-petits-neveux, le jeune André,
âgé de six ans, trouvait accidentellement la mort,
le 2 novembre 1899, dans une citerne à Maucourt.
Ce fut pour la famille un deuil immense, d'autant
plus que cet enfant promettait beaucoup pour l'avenir. Mais voilà, c'était un petit ange déjà mûr pour
le Ciel ; il ne devait point souffrir du contact des
choses de la terre, et l'ange du Seigneur, de son vol
rapide, l'enlevait de ce monde mauvais pour le
transporter dans le paradis. Lui-même n'avait-il pas
dit, du reste, quelques jours auparavant, en voyant
un petit enfant mort et que sa pieuse mère lui disait
être un petit ange au ciel : « Oh ! moi aussi, je voudrais bien être un petit ange au ciel ! » Il ne savait
pas, le chérubin, que sa prière était entendue de son
ange gardien qui la reporta sans doute au pied du
trône de l'Éternel. Quelques jours après, il était
exaucé. Mais quelle douleur pour le pauvre père et
la pauvre mère éplorés !

M. l'abbé Haclin fut encore là le grand consolateur. En lui, il y avait plus que bonté, charité, résignation, il y avait amour divin avant tout. Et cet
amour était un grand feu, doux, toujours égal, se
répandant en chaleur et en lumière sur les pauvres
êtres affligés. C'est alors, quand il était sous le coup
d'une émotion, comme celle qui venait de le frapper, qu'il fallait l'entendre parler de la Patrie
céleste, de la vanité de ce qui passe, de la douceur
profonde de ce qui ne passe point, de la vie toujours courte, traversée mêlée d'orages et de beaux
jours, mais dont le but ne change pas.

Et, sur ce thème, déjà superbe, il disait des choses
très belles, que les anges lui inspiraient sans doute,
car il n'avait plus de désir que pour le ciel. C'est
ainsi qu'il retraçait la mort dramatique du cher
André, disait les consolations de Dieu, et s'écriait :

> Sa mort a de l'âme conquis la délivrance.
> Les liens sont brisés. Elle est montée au ciel
> Pour partager des saints le bonheur éternel.
> Ange sur cette terre, il voit avec les anges
> La face du Seigneur, il chante ses louanges.
> Jouis, Enfant choisi, jouis de ton bonheur,
> Mais baissant tes regards, contemple la douleur
> De tes pieux parents, et sèche enfin leurs larmes...

Puis, il le voit emporté au ciel dans les bras de son ange gardien, et de nouveau il s'écrie :

> Triomphe dans le ciel, ô bienheureux André !
> Rends grâces au Sauveur de t'avoir appelé
> Dans un âge si tendre à partager sa gloire.

C'est ainsi que M. Haclin aimait à consoler les siens. Ne semble-t-il point que l'on quitte la terre pour le suivre dans un pays qui n'a point de ténèbres mortelles et de soleil cruel, dans ce pays où il n'y a point de souffrance, et où le bonheur dure éternellement ?

Tout lui servait pour conduire les âmes à DIEU, celles de ses proches plus que toutes les autres encore.

LIVRE II

L'HOMME DE L'ÉGLISE

CHAPITRE IX

RESPECT, SOUMISSION, OBÉISSANCE AUX ENSEIGNEMENTS DE L'ÉGLISE

Modèle de soumission et d'obéissance. — Conciliation des pontificats de Pie IX et Léon XIII. — Tâche ingrate de Pie IX ; belle tâche de Léon XIII. — Crux de Cruce. — Lumen in cœlo. Œuvre immense de Léon XIII : le Grand Conciliateur. — Bonheur de voir les catholiques du monde entier soumis. — Opposition sournoise. — Léon XIII éclaire l'opinion, — Sollicite les initiatives individuelles. — Conséquence inattendue de l'Infaillibilité. — Corde de Sauvetage. — Obéissance active.— Soumission au Pouvoir établi. — Suprême regret.

CHAPITRE IX

RESPECT, SOUMISSION, OBÉISSANCE AUX ENSEIGNEMENTS DE L'ÉGLISE

Monsieur l'abbé Haclin étant *l'homme de Dieu*, devait nécessairement être *l'homme de l'Eglise*, la représentante de Dieu sur la terre.

L'Eglise se sert de deux moyens principaux pour établir le royaume de Dieu en ce monde : l'enseignement et les œuvres.

Représentant de l'Eglise dans sa paroisse, le Curé de Morcourt devait se servir de ces deux moyens. Nous avons déjà dit comment il a appliqué le premier.

Il devait cependant encore à ses paroissiens un exemple : c'était celui de leur montrer comment on devait accepter les enseignements de cette Eglise et de son chef infaillible.

Ses jeunes années, et les premières années de son ministère s'étaient écoulées sous la douce influence du *nautonier qui se recueille avant de lancer sa barque, qu'était Grégoire XVI.* Toute sa vie de pasteur se passa sous la direction de deux grands papes,

Pie IX et Léon XIII, qui devaient lancer la barque de l'Eglise, toutes voiles déployées, au milieu des flots orageux du siècle : directions bien différentes en apparence pour des yeux accoutumés à ne voir que la superficie des choses, mais l'une et l'autre cependant venues à l'heure précise, voulues par la Providence, pour les nécessités spéciales de cette heure suprême, avec la même mission, avec les mêmes vouloirs, mais avec un génie différent et adapté à d'autres circonstances. Leur sagesse, pareillement assistée d'en Haut, n'a cessé de tendre au même but, mais par des voies personnelles, variant ses procédés et ses moyens selon la diversité des besoins et des temps. On peut toutefois dire que si Pie IX eut la tâche ingrate, Léon XIII eut la belle tâche : le premier, tâche de destruction ; le second, tâche de construction.

« De pape à pape, aimait à répéter M. l'abbé Haclin, il ne peut y avoir de différence de doctrine ; il y a, il peut y avoir différence dans le mode d'action. Voilà comment, reliés l'un à l'autre, se complétant l'un l'autre, ces deux grands papes, avec leurs longs règnes, resteront ensemble, dans l'histoire de l'Eglise, les deux flambeaux qui auront éclairé toute la seconde moitié du XIXe siècle, les deux oliviers qui l'ont couverte de leur ombrage et nourrie de leurs fruits : *Hi sunt duo candelabra et duo olivæ.* » Et c'est, à la lumière de ces flambeaux et à la douce nourriture de ces oliviers, que ce noble vieillard aimait à repasser toute sa vie pastorale dont il avait recueilli tant de fruits.

Il revoyait souvent Pie IX triomphant à Rome, fuyant à Gaëte, exaltant de nouveau à Rome, sous l'égide de la glorieuse France, la Vierge Marie dans son Immaculée Conception, proclamant dans le concile universel du Vatican l'Infaillibilité doctrinale du pape. Il recevait avec amour ses enseignements indéfectibles. C'était la France agonisante, et le chef auguste de l'Église prisonnier au Vatican, le monde entier ligué contre lui. Et avec Pie IX, il était sur la Croix, *Crux de Cruce.*

C'était Léon XIII, l'étoile de l'espérance qui apparaissait au ciel si troublé de l'Eglise, *Lumen in cœlo.* M. Haclin repassait alors l'œuvre immense de Léon XIII ; œuvre de réconciliation et d'attraction, œuvre de doctrine et d'illumination, œuvre d'éducation et de haute formation ecclésiastique, œuvre de pacification politique et sociale, œuvre de pacification internationale, œuvre de libération et d'émanpation, œuvre d'unification. « En parcourant l'histoire de ce règne et de ses œuvres, disait-il un jour, combien on y prend l'idée de l'évêque œcuménique et universel ! Cela sans doute est vrai de tous les papes ; mais combien plus l'image en devient saisissable, à mesure que, de nos jours, les distances s'effacent et que tous les points du globe se rapprochent et se touchent ! Ce globe, le pape Léon XIII le tient vraiment dans sa main; y cherchant une place nouvelle où il puisse faire à JÉSUS CHRIST une nouvelle conquête. »

De fait, Léon XIII fut un grand conquérant, et son œuvre est aussi une œuvre d'expansion. Dans l'œuvre des missions il aura la plus belle part.

Et quelle œuvre encore de sanctification que ce règne ! Elle en fut l'œuvre de tous les instants.

Oh ! comme M. l'abbé Haclin aimait à lire, à étudier et à mettre en pratique les écrits et les enseignements de ce Père de tous les fidèles. Il voyait en lui, non seulement le conciliateur qui a su se concilier la terre, mais le grand conciliateur qui s'est concilié le ciel. Et il tombait à genoux, aussi bien devant les conseils que devant les enseignements du Vicaire de JÉSUS-CHRIST.

C'était pour lui un véritable bonheur de voir les enseignements et les directions du Pape suivis et obéis sans discussion par les catholiques de tous les pays. Nous en avons la preuve dans la réponse qu'il fit à son évêque qui lui demandait, à l'occasion de l'occupation prussienne de 1870, si les aumôniers lui avaient paru d'une orthodoxie irréprochable.

« Aucun aumônier prussien, dit-il, n'a séjourné dans ma paroisse. J'ignore leurs sentiments à l'égard des doctrines romaines et des décisions du concile du Vatican en particulier ; mais m'étant entretenu sur ces matières avec plusieurs officiers, *j'ai reconnu avec peine qu'ils n'admettaient pas sans réserve le dogme de l'Infaillibilité doctrinale du Souverain Pontife.* Ils sont imbus, peut-être à leur insu, du système protestant, ils évoquent au tribunal de leur raison toute décision pontificale, prétendent ne s'y soumettre qu'autant qu'elle leur paraît juste. A quoi faut-il attribuer ce manque de soumission? Probablement au milieu dans lequel ils vivent et aux écoles qu'ils ont fréquentées. Ne voyons-nous pas cela en France dans les établissements tenus ou seulement surveillés par l'Université ? » Nous ajouterons une autre cause encore : on sortait de la grande lutte de Dœllinger contre le concile du Vatican et sa définition de l'Infaillibilité du Pape, il venait de se séparer bruyamment de l'Église et de créer le parti *des Vieux Catholiques.*

Et M. Haclin terminait par cette parole qui était bien le reflet de sa pensée : « Quel bien s'opérerait partout, si les personnes chargées de l'enseignement étaient dociles à la voix de l'Église et de ses pasteurs ! »

Oh ! ce n'est pas lui qui s'effarouchait de l'autorité donnée à la parole du pape par la définition de l'Infaillibilité. Il savait que si elle était une garde, elle était aussi un guide.

L'opposition sournoise aux directions de Léon XIII lui apparaissait comme une crainte chimérique qui s'était déjà montrée lors du Concile du Vatican.

Ne craignait-on pas, alors, que ce concile ne donnât au pape le droit de s'isoler de l'Église, de légiférer sans elle et malgré elle? Ne craignait-on pas que les successeurs de Pie IX ne perdissent, avec le monde chrétien toute communication? Que leur pensée fût conduite, leur main fût guidée par deux ou trois favoris? N'est-ce pas ce qui a été maintes fois répété pour Léon XIII au sujet de ses directions?

Il fallait alors entendre l'abbé Haclin s'élever contre ces calomnies, rajeunies de Saint-Simon. Celui-ci ne nous donne-t-il point un récit, aussi piquant que mensonger, du pape Clément XI écrivant la bulle *Unigenitus* sous la dictée de deux jésuites qui s'accordent à le fourvoyer. Et ce sont des catholiques qui tiennent pareil langage!

Non, pour le Curé de Morcourt, Léon XIII n'était pas un isolé, un conduit, un illuminé. Il le savait, au contraire, se tenant perpétuellement en contact avec le monde chrétien. Jamais pape, peut-être, n'a plus consulté que Léon XIII ; il appelle les princes de l'Église, et il appelle les laïques. Dans les conseils du Vatican, à côté du Théologien, un nouveau personnage est entré : l'opinion. Le pape Léon XIII interroge et éclaire l'opinion.

Ce qui frappe encore l'esprit observateur de M. Haclin, c'est de voir l'Église catholique, qu'on disait asservie par le dernier concile, multiplier au contraire les initiatives individuelles [1] ; elle encourage et sollicite les efforts personnels. Ces initiatives et ces efforts ne déplaisent pas à la papauté. Léon XIII les encourageait. Avant qu'on l'eût proclamée infaillible, elle les redoutait ; elle sait maintenant qu'elle peut à son gré les discipliner ou les promouvoir. Depuis le concile du Vatican, la papauté a recouvré je ne sais quelle sécurité qui lui manquait auparavant ; elle se sent trop forte pour avoir besoin d'être ombrageuse.

---

1. « L'initiative particulière est sans cesse agissante dans cette Église si fortement disciplinée. » (Ollé-Laprune.)

Cette conséquence inattendue de l'infaillibilité avait fortement impressionné l'abbé Haclin. De sorte que, pour lui, il n'y avait rien de plus vraie que cette observation judicieuse du docteur anglais Mallock : « La doctrine de l'infaillibilité a un aspect qui est juste l'opposé de celui qu'on suppose d'ordinaire. Elle enchaîne et elle délivre. Elle est au moins autant un gage de liberté qu'un frein. C'est une chaîne, c'est aussi une corde de sauvetage ; et ceux qui la tiennent peuvent, explorateurs hardis, s'élancer sans crainte dans les courants. » Et certes, il la tenait, lui, cette corde de sauvetage. Aussi, quand il voit Léon XIII s'élancer à la tête de ceux qu'on avait coutume d'appeler « les esprits aventureux », il ne craint point d'adhérer sans réticence à ses directions.

Chez M. Haclin, c'est plus qu'une adhésion sans réticence, c'est une soumission complète à tous les enseignements du Souverain Pontife. Et sa soumission n'était pas quelque chose de passif seulement ; mais elle se réalisait dans une obéissance active. Car il ne se contentait pas de se soumettre à la manière des esclaves à ses commandements formels et rigoureux, mais en fils respectueux et tendre ; il regardait comme sacrées ses moindres volontés, il cherchait à surprendre sur ses lèvres augustes jusqu'à ses moindres désirs. Quoique, dans toutes les questions douteuses, chacun soit libre de suivre tel sentiment qu'il lui plaît, il savait, pour ravir le Cœur de DIEU et faire tressaillir d'allégresse l'Église sa Mère, adopter en toutes choses les opinions qui sont les plus accréditées auprès du Saint-Siège et jouissent davantage de ses bénédictions et de ses faveurs. Il est vrai que l'obéissance poussée jusqu'à ce degré n'est que de conseil ; mais l'abbé Haclin se disait précisément : pourquoi mettre des limites à la pratique de la vertu, quand il est si doux de l'embrasser tout entière et de s'enrichir de tous ses mérites ? Aussi bien, suivait-il avec un soin attentif et scrupuleux les instructions du pape. Il les commentait avec l'amour d'un enfant poussé jusqu'à la plus extrême tendresse, et le saint enthousiasme d'un fils soumis aux doctes enseignements d'un père vénéré.

« Voilà, aimait-il à répéter souvent, notre ligne de conduite bien tracée, nous n'avons qu'à la suivre simplement. Oh ! que je n'aime pas ces journaux et ces gens qui prétendent que le pape est mal rénseigné sur les affaires de France. C'est là une injure gratuite faite à notre Père bien-aimé. »

Suivant les directions de Léon XIII, il était également plein de respect et de soumission pour le pouvoir établi ; malgré ses excès, celui-ci était pour lui le représentant de DIEU.

Chez l'abbé Haclin le principe d'autorité était sacré, et à tous il voulait donner l'exemple de l'obéissance qui lui était due. Et c'est, en agissant de la sorte, qu'il contribuait à asseoir le monde social sur un fondement solide et à donner de la stabilité aux institutions humaines.

S'éclairant aux splendeurs de la divine lumière, M. Haclin embrassait cette sagesse sublime qui s'élève jusqu'à la cause première et domine les hommes et les événements. Illuminé par la grâce, il avait su percer tous les voiles et découvrir la vérité ; pendant que, tout autour de lui, les génies de la diplomatie et de la politique se trouvaient déconcertés et tombaient dans la confusion, il savait fort bien distinguer les hommes et les choses. Ce n'est point dans cette multitude de feuilles passionnées que l'on jette tous les jours en pâture à une foule à demi-ivre, à force de transport et d'agitation, qu'il allait puiser son appréciation des événements, mais au fond de sa conscience et dans les directions pontificales. La politique du siècle enfle le cœur et nourrit la révolte et l'orgueil ; mais la politique des saints les tient dans l'humilité et ne diminue en rien le respect qui est dû aux puissances qui les gouvernent.

Et en mourant, s'il eut un regret, ce fut de voir la France catholique divisée, amoindrie, persécutée, pour ne pas avoir suffisamment compris le grand rôle de la Papauté, et suivi loyalement les directions et les conseils si sages du Pontife qui la dirigeait.

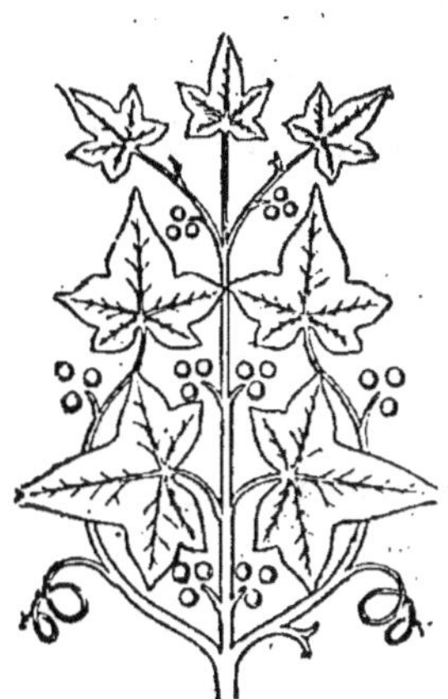

CHAPITRE X

DÉVOTION AU CHRIST-RÉDEMPTEUR. AU SACRÉ-CŒUR. A L'EUCHARISTIE.

CHRIST-RÉDEMPTEUR. — Les œuvres, signes de la vitalité de l'Église. — Le siècle des grandes Dévotions. — Langage de l'amour. — Mort du Jansénisme. — Bonheur de cette mort. — Exaltation du Christ-Rédempteur. — Comment M. Haclin produit cette exaltation. — Triomphe du Christ-Rédempteur dans sa paroisse.

SACRÉ-CŒUR. — Trois nuits de gelée. — Moyen de ramener la vraie piété : Dévotion au Sacré-Cœur. — Développement de cette dévotion à Morcourt. — Rétablissement d'une confrérie du Sacré-Cœur. — Consécration de la paroisse au Sacré-Cœur, avec le Diocèse, le Monde entier. — Apostolat de la prière.

EUCHARISTIE. — Après la Source, le Fleuve. — Non nova sed nove. — Confrérie du Saint-Sacrement. — Moyen de rénovation paroissiale. — L'œuvre de l'adoration réparatrice. — Communion fréquente. — Adoration perpétuelle.

CHAPITRE X

DÉVOTION AU CHRIST - RÉDEMPTEUR. AU SACRÉ-CŒUR. A L'EUCHARISTIE.

Nous venons de voir M. l'abbé Haclin « l'homme de l'Eglise, » par son *respect, sa soumission et son obéissance à ses enseignements.*

Il va nous apparaître maintenant sous un autre aspect. Ce sera toujours « l'homme de l'Eglise », mais l'homme de l'Eglise vivante, agissante par ses œuvres. Les œuvres de l'Eglise sont les signes de sa vitalité au milieu du monde. Cette vitalité n'est pas de l'agitation ; c'est un mouvement bien coordonné avec les besoins, et l'état du siècle et des âmes.

Une remarque très juste a été faite au sujet de la vitalité de l'Eglise au XIXe siècle, touchant son mode d'action spirituelle : C'est par les grandes dévotions qu'elle a surtout agi sur les âmes. Et ce mode d'action fut si sensible, qu'on a pu dire avec raison que « le XIXe siècle fut le siècle des grandes dévotions », des dévotions qui font réapparaître l'amour et la bonté de Dieu en ce monde.

Les siècles précédents avaient fait entendre le langage de l'égoïsme et de la haine. Il appartenait au XIXᵉ siècle de faire entendre le langage de l'amour et de la charité, en faisant revivre les grandes dévotions qui réchauffent le cœur, au lieu de le glacer.

Il n'a pas manqué l'amour de notre siècle à Celui que saint Paul appelle le « DIEU béni de siècle en siècle ».

Ce grand courant qui ramenait au CHRIST-JÉSUS, M. Haclin n'eut garde de ne point l'arrêter dans sa paroisse ; mais lui qui venait prêcher JÉSUS-CHRIST, son bonheur était de le faire connaître à tous, aimer de tous. « Tout rétablir dans le CHRIST[1] », suivant la parole de saint Paul, telle avait été sa devise dès le début de son ministère. Il assistait à la mort définitive du Jansénisme, vent de glace qui en se levant avait tout refroidi, tout paralysé, tout flétri. Pour lui, plus de pardon facile et miséricordieux, plus de fréquente communion, plus de CHRIST ouvrant ses bras pour embrasser et bénir.

M. l'abbé Haclin qui, dans sa jeunesse, avait pu être quelquefois le témoin de ses rigueurs, bien que

---

1. Eph., I., 9.

dans son éducation il ne paraisse pas en avoir souffert, assistait heureux à cette mort, et s'efforçait d'en
relever les ruines en faisant apparaître au peuple le
CHRIST-Rédempteur. « Celui qui a détruit le décret
rendu contre nous en l'attachant à la Croix, » dit
l'apôtre saint Paul, réconcilia l'homme avec DIEU.
Et alors, suivant la parole de Léon XIII[1], « le genre
humain secoua les chaînes de son antique servitude,
la grâce lui fut rendue avec l'accès de l'éternelle
béatitude, avec le droit et les moyens de l'acquérir.»

« L'évocation de ces souvenirs », pour employer
encore le langage de Léon XIII, porta tout d'abord
le Curé de Morcourt à établir, nous l'avons dit plus
haut, l'exercice du *Chemin de la Croix* tous les premiers dimanches du mois, à propager avec zèle la
dévotion au *Scapulaire de la Passion*[2], puis à veiller
à l'érection, au maintien et à la restauration des
calvaires qui sont placés aux confins et au centre de
sa paroisse, comme des palladiums pour la protéger et la bénir. Ils sont là placés comme une
grande leçon de foi, d'espérance, de charité et de
justice.

1. Encycl. *Le Christ-Rédempteur*, (Edit. Bonne Presse, p. 153).
2. Au mois de septembre 1855, il obtint de M. Etienne, Supérieur
général des Lazaristes, le pouvoir d'imposer ce scapulaire.

Aussi, voyons-nous M. Haclin profiter des heureuses circonstances qui s'offrent à lui en 1857, pour faire l'érection de deux calvaires dans sa paroisse.

Le récit enthousiaste qui la relate suffit pour nous en convaincre : « Rien n'était beau, y est-il dit, comme le spectacle, et surtout le recueillement de la foule accourue des localités voisines! »

C'était un vrai triomphe du CHRIST-Rédempteur.

M. l'abbé Haclin fut un des premiers initiateurs de ces grandes marches triomphales du CHRIST dans nos contrées.

En 1861, on le verra encore organiser une nouvelle cérémonie pour l'érection de trois nouvelles croix. Cette fête aura lieu au milieu d'un grand concours de peuple. Elle durera deux jours.

A la fin de sa vie, le pieux Curé de Morcourt sera encore heureux de préparer un nouveau triomphe au CHRIST-Rédempteur.

Témoin de cette fête, nous avons vu la population enthousiasmée marcher sous l'impulsion de son vieux curé, toujours jeune quand il s'agissait de la pousser dans la voie du bien et des saintes audaces. C'était le 14 octobre 1900. Le vénérable M. Haclin avait quatre-vingt-deux ans.

CHAPELLE DU SACRÉ-CŒUR

ET

M. L'ABBÉ HACLIN

DÉVOTION AU SACRÉ-CŒUR

« Protestantisme, jansénisme, gallicanisme, écrit Mgr Baunard [1], trois nuits de gelées qui ont passé sur la piété chrétienne. Et leurs ravages furent tels qu'à la fin du XVIIIe siècle, l'Eglise ne donne plus que des fruits rachitiques, affadis, amoindris, sans suc et sans saveur. Sur ce riche sol de France, tout est glacé, c'est l'hiver. Qui ramènera les beaux jours ? »

Un des moyens dont DIEU se servit pour ramener la vraie piété en France d'abord, puis dans la catholicité entière, fut certainement la dévotion au Sacré-Cœur de JÉSUS. C'était la France qui devait en être le foyer ; sa paix, sa prospérité, sa grandeur en seraient le prix. Il faut reconnaître que les catholiques du XIXe siècle, en grand nombre, ont su le comprendre. Pour eux la religion du Sacré-Cœur n'est pas une simple dévotion de sentiment, ce n'est pas même un dogme spécial et isolé, c'est la synthèse de toute la doctrine catholique résumée dans l'amour de JÉSUS-CHRIST pour nous et de nous pour JÉSUS-CHRIST.

Ainsi le comprenait M. l'abbé Haclin ; et comme il y adhérait de tout son cœur ! Lui aussi aurait pu

L. *Un siècle de l'Eglise de France*, p. 198.

Un Curé Picard.   10

dire comme un célèbre orateur : « Nous les avons connus les derniers jours de la terreur janséniste, alors que, sous le souffle d'une morale rigide, impitoyable, la prière s'était faite moins tendre, le culte plus triste, les sacrements plus rares, la foi désolée et sombre, l'autel de Marie solitaire, la confession devenue une torture, l'absolution une impossibilité, le prêtre un chérubin armé d'un glaive de flamme pour défendre l'accès de l'Eden et de la Grâce. C'est seulement il y a environ soixante ans que la théologie morale de saint Alphonse de Liguori, attaquée avec rage par le jansénisme, constamment approuvée par les Souverains Pontifes, put enfin pénétrer dans les écoles françaises[1].

» C'était bien la théologie morale du Sacré-Cœur ; faisant brèche dans cette muraille de préjugés qui barrait aux âmes l'accès aux sources de la vie, elle fit rentrer dans notre pays, avec les doctrines romaines, l'esprit doux et humble du pur catholicisme ; et ce renouvellement de la piété, qui, au sein des malheurs présents, est le meilleur espoir religieux de l'avenir. »

« Alors, s'écrie de son côté Mgr Bougaud, l'Eglise de France se ranime, se réchauffe au rayon de ce Cœur. »

---

1. Quand M. Haclin fit son séminaire, la théologie de saint Liguori y était interdite. Des élèves furent renvoyés, paraît-il, pour l'avoir introduite.

M. Haclin sut admirablement entrer dans ce mouvement. Travailler dans le champ qui lui est confié à développer cette grande dévotion au Sacré-Cœur, c'est là une de ses idées persistantes. Il est heureux de retrouver dans les archives de la paroisse que cette dévotion n'y est pas inconnue. Aussi, comme il va s'efforcer de la faire revivre. Il écrit dans ses notes à ce sujet : « Morcourt avait aussi anciennement une confrérie du Sacré-Cœur. Dire l'époque à laquelle elle remonte est pour moi chose impossible. A-t-elle été établie au commencement du siècle pour remplacer une confrérie du Saint-Sacrement qui, selon toute probabilité, existait dans cette paroisse avant la grande Révolution, ou l'a-t-elle été par M. Thuillart ? Je l'ignore entièrement. Je n'ai aucun indice de l'érection canonique de cette confrérie. Il reste cependant dans les archives de la Fabrique un registre sur lequel l'un de mes prédécesseurs, M. Maurice, a fait un réglement qui n'est revêtu d'aucune approbation épiscopale. La confrérie a cessé en 1844. »

M. Haclin est heureux de pouvoir ainsi s'appuyer sur la tradition pour tenter de restaurer cette ancienne confrérie disparue. Une première tentative n'avait pas réussi par suite de la désunion des membres. En demandant à son évêque l'approbation des statuts d'un nouvel essai de confrérie, il ajoute ce vœu : « Puissent-ils être désormais plus unis ! »

« Puissent-ils être désormais plus unis ! » Oh ! comme voilà bien l'esprit du Sacré-Cœur ! Comme M. Haclin avait bien compris cet esprit d'amour qui fait l'union ! C'était bien le divin Maître qui disait : « Père saint, faites qu'ils soient *un*, comme nous sommes *un* ! — Mes petits enfants, je vous aime comme m'a aimé mon Père. Et vous auss aimez-moi, aimez-vous les uns les autres. Celui qui m'aime, je l'aimerai, et nous viendrons à lui. — Apprenez de moi, que je suis doux et humble de cœur ! »

C'était l'évangile de saint Jean que M. l'abbé Haclin allait rééditer pour sa paroisse. Sa doctrine sera en effet le résumé de toute sa vie. Il la terminera par cette exhortation du disciple bien-aimé : « Mes petits enfants, aimez-vous les uns les autres. »

Dans le sage règlement qu'il donne à cette confrérie, il n'impose point de pratiques nouvelles ; ce qu'il souhaite, c'est que cette union de tous les confrères au Sacré-Cœur de JÉSUS soit pour eux un aide, un soutien, un excitant à l'accomplissement de tous leurs devoirs de chrétiens, envers DIEU, le prochain et eux-mêmes. C'est bien un résumé de la théologie du Sacré-Cœur. Chaque jour du mois de juin, il faisait à l'église, sur le soir, avec les associés, le mois du Sacré-Cœur.

C'est ainsi qu'il préparait sa paroisse, en y développant la dévotion au Sacré-Cœur, à cette consécration solennelle qu'il en fit en 1866, en union avec son évêque et toutes les paroisses du diocèse.

Le choléra ravageait alors la ville d'Amiens d'une manière effrayante. Mgr Boudinet sentit que pour apaiser la justice divine il fallait recourir aux grands moyens. Comme autrefois Mgr de Belzunce à Marseille, en pareille occurrence, il ordonna la consécration de son diocèse au Sacré-Cœur.

Cette ordonnance de son Evêque était trop en parfaite conformité avec sa pensée et répondait trop bien au désir de son cœur, pour que M. Haclin ne fît d'enthousiasme la consécration de toute sa paroisse au divin Cœur.

Le procès-verbal de cette consécration a été signé par vingt-cinq hommes, tous les conseillers municipaux et conseillers de Fabrique. Ce qui montre à quel point le Curé de Morcourt avait su faire aimer dans sa paroisse.le Cœur Sacré du divin Maître.

C'est ainsi que, dans la mesure de son pouvoir, il

répand la dévotion au Sacré-Cœur, et prépare autour de lui l'acheminement, non plus seulement vers la consécration diocésaine, mais vers la consécration universelle du monde entier à ce Cœur sacré, que réalisera Léon XIII par son encyclique *Annum Sacrum* du 25 Mai 1899.

Tout pour M. Haclin était préparé à recevoir cette décision, et son cœur et le cœur de ses paroissiens. Il nous souvient encore du bonheur qu'il éprouvait en nous en parlant. Et c'est avec une véritable joie qu'il renouvela la consécration de sa paroisse au Sacré-Cœur de JÉSUS en union avec le Souverain Pontife et l'univers entier.

Nous avons vu que, dans son église, il Lui avait dédié une chapelle, et érigé en son honneur une magnifique verrière.

Comme on peut s'en rendre compte, dans le mouvement progressif de cette dévotion, M. l'abbé Haclin y gravitait à l'instar de ses chefs. Il était toujours prêt à agir ; dès qu'il en recevait l'ordre, il n'était jamais pris au dépourvu ni devancé.

On se souvient que Notre-Seigneur avait demandé à la B. Marguerite-Marie, qu'on lui bâtît un édifice où serait l'image de son Sacré-Cœur. Le vœu du divin Maître se réalise de nos jours. Depuis plus de vingt-cinq ans, la France « dévouée et pénitente » n'a pas cessé de porter son or avec ses prières à la montagne historique, sacrée, où elle veut que se dresse, non un autel, non une chapelle, mais une basilique grandiose qui commandera Paris et la France et qui la bénira.

Des millions de souscripteurs concourent chaque année à l'érection de ce monument de la réparation. Naturellement M. l'abbé Haclin était un des souscripteurs fidèles.

Il s'associe, il s'affilie aux œuvres qui surgissent de cette dévotion : c'est à la Ligue de la Prière, au Messager du Sacré-Cœur, à l'Apostolat de la Prière. Laissons-le raconter lui-même comment l'idée lui vint d'établir l'*Apostolat de la Prière* dans sa paroisse en 1878.

Il écrit dans ses notes : « Le Rosaire Vivant est l'une des pratiques de l'Apostolat de la Prière.

» J'avais depuis longtemps l'idée d'établir dans cette paroisse l'*Apostolat de la Prière*, mais le moment n'était pas encore venu de le réaliser.

» Enfin, après la pose d'une magnifique verrière au Sacré-Cœur de JÉSUS dans la chapelle de ce nom, il m'a semblé que je ne devais pas différer davantage. »

Le but de l'Apostolat de la Prière est surtout, dit Pie IX dans son rescrit, de s'attacher par des prières de chaque jour à obtenir la grâce de DIEU pour l'Eglise universelle et en particulier pour le Pontife Romain.

Comme on le voit, l'œuvre de l'Apostolat de la dévotion au Sacré-Cœur était complète dans la paroisse de Morcourt. On peut dire que M. Haclin y fut l'apôtre du Sacré-Cœur.

DÉVOTION A L'EUCHARISTIE

Comme le Cœur de JÉSUS, le Sacrement de l'Eucharistie a été une des ardentes dévotions du XIXe siècle : après la source, le fleuve.

La fin du XVIIIe siècle faisait au XIXe le legs d'institutions eucharistiques, en particulier celles des Confréries du T. S. Sacrement, mutilées, décimées, disp ersées, mais impatientes de revivre.

M. l'abbé Haclin, en arrivant à Morcourt, avait retrouvé les vestiges d'une ancienne association du T. S. Sacrement. Les processions du premier dimanche du mois qui existaient encore, et qu'il s'efforce de maintenir, avec la permission de son évêque, en étaient certainement un reste. Ami des traditions, il sentait qu'en maintenant ces processions, il s'acheminait vers la reconstitution de la Confrérie du T. S. Sacrement dont elles émanaient.

On se souvient que, dans la pensée de M. Haclin et d'après ses recherches, l'association du Sacré-Cœur avait dû remplacer au siècle dernier une Confrérie du St-Sacrement. Suivant le principe qu'il avait adopté : faire revivre les choses anciennes et leur donner une nouvelle vie en les adaptant au milieu dans lequel elles doivent se mouvoir, il a déjà ressuscité la Confrérie du Sacré-Cœur de Jésus ; aujourd'hui, c'est la Confrérie du T. S. Sacrement depuis longtemps disparue, qu'il veut faire réapparaître. Toute l'ambition du pieux curé était de former et d'entretenir un foyer vivant de piété dans sa paroisse. Or, il savait que le premier moyen, « qui n'est ni nouveau, ni particulier, mais qui a été établi par Jésus-Christ lui-même, pour unir son Eglise, et la faire vivre en sainteté [1], » était la dévotion au T. S. Sacrement ; ce moyen a été celui des saints : tous ont cru que le renouvellement de la piété ne s'opérait que par là :

Ce fut celui que M. Ollier employa pour réformer la paroisse de St-Sulpice ; ce fut celui dont usa le saint Curé d'Ars pour sanctifier sa paroisse ; ce sera aussi le même moyen dont se servira M. l'abbé Haclin pour entretenir la foi et la piété dans Morcourt.

Les motifs qu'il a d'employer ce moyen, il les donne à son évêque dans une lettre du 17 février 1865. Il écrit en effet :

---

[1]. P. de Condren.

« Monseigneur,

» Il n'y a pas encore trois ans que, sur ma demande, Votre Grandeur m'autorisait à rétablir dans ma paroisse la Confrérie du Sacré-Cœur de JÉSUS, et déjà, je puis dire qu'il s'est fait beaucoup de bien dans les âmes. Outre l'occasion qui se présentait naturellement pour les anciens associés de nouer de nouveaux liens et que ceux-ci ont saisie, un assez grand nombre de personnes se sont fait inscrire pour avoir part aux faveurs de la Confrérie. Que DIEU en soit loué, et que le Cœur de JÉSUS en soit aimé davantage !

» Mais cet amour chaste et ardent, qui l'entretiendra et lui donnera encore plus d'activité, si ce n'est JÉSUS lui-même au T. S. Sacrement de nos autels ? Il m'a donc semblé qu'il serait utile d'établir ici une *Confrérie du T. S. Sacrement*, comme une conséquence de la Confrérie du Sacré-Cœur.

» Voyant de plus l'abandon dans lequel tant de chrétiens laissent Notre-Seigneur dans son tabernacle, sans se soucier de venir l'y adorer, pas même une fois la semaine, j'ai voulu que les Confrères du T. S. Sacrement réparassent, autant que possible, un oubli si criminel. Pour cela, je me suis adressé aux personnes qui assistent ordinairement au catéchisme de persévérance, afin de savoir si elles consentiraient à passer une grande partie du Dimanche dans l'église en présence de Notre-Seigneur. Cette demande a été favorablement accueillie, et la semaine suivante elle était mise à exécution. Ainsi, le Dimanche, en dehors des offices, mon église n'est plus déserte, à chaque instant on y trouve des fidèles en adoration.

» Afin de perpétuer cette œuvre qui, je l'espère, conservera la foi dans ma paroisse, et lui épargnera bien des châtiments, j'exhorte par l'article quatre des statuts, que je soumets à l'approbation de Votre Grandeur, les personnes qui entreront dans la Confrérie du T. S. Sacrement à passer quelque temps dans l'église, le Dimanche, en dehors des offices. Une heure de prière auprès de Notre-Seigneur, au pied de son tabernacle, ne vaut-elle pas mieux qu'une journée tout entière passée dans les vains amusements du siècle ? »

Et que venait de faire le pieux curé en demandant à son Evêque l'érection de la Confrérie du T. S. Sacrement dans sa paroisse ? Il venait simplement, quelque quinze ans auparavant, d'y établir l'œuvre de l'adoration réparatrice. Et quand cette œuvre apparut, il put encore dire : « Présent ! »

C'est que M. Haclin sentait vivement les besoins de son siècle. Ce siècle remontait alors un courant qui avait failli le faire périr. Il se débarrassait définitivement de l'erreur protestante et janséniste ; l'une avait tué l'amour dans les âmes, en étouffant dans les esprits la croyance aux dogmes générateurs de l'amour : rédemption universelle, absolution de tous les péchés, présence eucharistique réelle et permanente ; l'autre plus déguisée et hypocrite y avait jeté un froid glacial : plus de pardon facile et miséricordieux, plus de fréquente communion. Comme les œuvres de M. Haclin réchauffent et relèvent les âmes ! C'est l'antithèse du Jansénisme et du Protestantisme. Aussi, quel amour pour la Sainte Communion dans sa paroisse ! Certaines âmes privilégiées y pratiquent la communion quotidienne, d'autres trihebdomadaire ou hebdomadaire. Aucun obstacle ne saurait les arrêter.

« Autrefois, nous dit un confrère, c'était l'habitude dans le doyenné de Bray-sur-Somme d'aller chaque année faire successivement les conférences dans les paroisses, et d'y assister à la messe avant la Conférence. C'était une véritable édification pour nous, lorsque nous nous rendions à Morcourt ; là nous jouissions d'un exemple de dévotion à Notre-Seigneur que nous ne rencontrions nulle part ailleurs. La messe ne pouvait pas avoir lieu avant 10 heures, mais cela n'arrêtait pas les personnes pieuses de la paroisse qui devaient communier ce jour-là ; elles attendaient bravement l'heure pour faire la sainte Communion. C'était, je vous assure, un spectacle bien édifiant. Résultat évident du zèle du pasteur pour la sainte Eucharistie. »

On le voit, sa doctrine n'était pas celle de certains docteurs qu'il avait été obligé d'étudier dans sa jeunesse cléricale. Il était, lui, de l'école de saint Alphonse de Liguori, de saint François de Sales, de saint Vincent de Paul et de tous les saints. Il croyait, avec toute la tradition, que l'adorable Eucharistie est le pain de chaque jour que nous demandons à DIEU dans l'oraison dominicale. Il ne pensait pas que les travaux des champs et les soins du ménage fussent incompatibles avec la communion fréquente ; comme si le travail offert à DIEU et sanctifié par l'esprit de foi, de prière et de sacrifice n'était pas la meilleure de toutes les préparations, suivant la pensée de saint Augustin : « Voulez-vous rendre incessamment gloire à DIEU ? Faites bien tout ce que vous faites, et vous aurez rendu gloire à DIEU. »

Il ne se montrait pas non plus d'une sévérité exagérée dans les conditions auxquelles il attachait cette faveur ; il n'en exigeait pas d'impossibles. Trouvait-il une âme faible, mais qui se défiait de sa faiblesse, une âme imparfaite, mais qui gémissait sur ses imperfections et travaillant à s'en corriger, il tâchait de former en elle la vie intérieure, puis, il lui conseillait d'avoir recours à l'aliment céleste pour se fortifier.

M. l'abbé Haclin est également un des premiers à réclamer pour sa paroisse l'établissement de l'adoration perpétuelle. Nous dirons plus loin combien il avait à cœur qu'elle y fût bien célébrée, et comment il annonce cette heureuse nouvelle à son évêque. Il pouvait vraiment dire que cette fête était dans sa paroisse chômée, solennisée, sanctifiée par une assistance et une communion presqu'aussi nombreuse que celle de Noël.

M. Haclin avait senti, un des premiers, que l'adoration perpétuelle, et l'adoration réparatrice répondaient au besoin que ressent la piété catholique de conjurer les maux qui, dans ce siècle, accablent l'Eglise et la menacent.

CHAPITRE XI

DÉVOTION A LA SAINTE VIERGE, A SAINT JOSEPH, A SAINT FRANÇOIS D'ASSISE.

Céleste pitié. — Mouvement ascendant de la Dévotion à Marie. — Rosaire vivant. — Rétablissement de cette œuvre à Morcourt. — But. — Scapulaire du Mont-Carmel. — Marée montante. — Érection d'une chapelle. — Triomphe à Marie. — Culte de saint Joseph. — Projet d'une congrégation. — Saint Joseph patron de l'Église universelle. — Tiers-Ordre. — Avantages qu'il procure. — Parole de Léon XIII : Ma réforme sociale. — Entrée dans le Tiers-Ordre.

CHAPITRE XI

DÉVOTION A LA SAINTE VIERGE.
A SAINT JOSEPH,
A SAINT FRANÇOIS D'ASSISE.

LE XIXe siècle, écrit Mgr Baunard, [1] qui fut le siècle du Sacré-Cœur de JÉSUS aura été aussi le siècle de Marie. Il a reçu beaucoup d'elle, il lui a aussi beaucoup donné... Dans ses infortunes immenses, la France du XIXe siècle n'aura pas été déshéritée de la consolation d'une céleste pitié, ni d'un tout-puissant secours. Les maux qu'elle a soufferts, elle les a enchantés de ses cantiques d'amour, et de confiance quand même envers Celle qu'elle appelait du nom de reine et de mère. Elle lui demeure fidèle, et dans la sombre et longue nuit qui nous enveloppe, c'est encore du côté de Marie que le regard se tourne pour y chercher l'étoile du matin qui fera rayonner sur le siècle qui se lève la miséricorde et la paix. »

M. l'abbé Haclin suivait attentivement ce mouvement ascendant de la dévotion à la Sainte Vierge.

---

1. *Un Siècle de l'Eglise de France* ; p. 222.

Chaque manifestation de Marie à la France lui faisait pousser un long cri de joie. Il se faisait l'heureux pèlerin de ses lieux les plus vénérés. Lourdes, Notre-Dame des Victoires, Notre-Dame de Brebières, ses pèlerinages de prédilection, le virent successivement.

Chaque année, Notre-Dame de Brebières le revoyait, pèlerin fidèle, avec un beau groupe de paroissiens. Chaque jour, il récitait le Rosaire en entier. Mais, c'est surtout dans son apostolat pour répandre le culte de Marie, qu'il montra sa grande dévotion envers cette bonne Mère. C'est une de ses premières pensées en arrivant à Morcourt.

M. l'abbé Haclin n'était pas un novateur, mais il savait admirablement se servir des éléments qu'il avait sous la main pour réveiller une bonne œuvre endormie ou à peu près éteinte. Il trouva certainement dans sa paroisse la dévotion à la Sainte Vierge encore très vivante ; mais le moyen de la conserver, de la faire grandir toujours, et qui semblait avoir été une des causes de cette tendre dévotion envers Marie, n'existait plus : c'était *le Rosaire Vivant* ¹,

---

¹ *Le Rosaire vivant* tire cette dénomination de ce que les mystères sont représentés par quinze personnes qui se chargent chacune de méditer tous les jours sur un mystère, afin de le rendre, en quelque sorte, vivant dans leur cœur. *(Note de M. Haclin).*

Un Curé Picard.

établi par M. l'abbé Thuillart en 1833. M. Haclin parvint à former plusieurs quinzaines, et rendit familière la récitation du chapelet. Il est à remarquer que comme un grand nombre de saints prêtres, saint Pierre Fourrier au XVIIe siècle, le B. Curé d'Ars au XIXe, le Curé de Morcourt s'efforce de régénérer sa paroisse par les confréries : Confréries d'hommes, de jeunes gens, de femmes, de jeunes filles. C'est le principe de l'association surnaturelle qui le guide. Ce sont les biens des saints mis en commun.

« Cette œuvre du Rosaire vivant, à ce que je pense, dit M. Haclin, fut maintenue par deux des successeurs de M. Thuillart, M. François et M. Maurice ; mais elle n'existait plus à mon arrivée dans cette paroisse. Peu de temps après, je conçus le dessein de la rétablir. Cela me parut d'autant plus facile, que la plupart des personnes qui en faisaient partie, ont continué de réciter tous les jours une dizaine de chapelet, mais la distribution des billets n'ayant pas lieu à l'époque déterminée, elles ont cessé de méditer les mystères du Rosaire. Mon intention fut donc de réunir tous ces membres épars pour qu'ils puissent gagner les indulgences attachées à cette association.

» Comme je tenais à perpétuer l'œuvre de M. Thuillart, et que j'y voyais un réel profit pour les fidèles de la paroisse, je fis un règlement pour les associés. Plus de cent personnes s'inscrivirent spontanément. »

« Le but de cette pieuse association, dit encore M. Haclin, est de fléchir la colère de DIEU par l'entremise de Notre-Dame du Rosaire, de conserver, et de vivifier de plus en plus dans les âmes fidèles la grâce sanctifiante et d'obtenir la conversion des pécheurs et l'exaltation de la Sainte Église.

» Outre ce but général de l'association, il pourra y en avoir de particuliers : par exemple, la répression d'un désordre, la cessation d'un scandale, la conversion d'une personne désignée. Dans ces cas, les associés uniront leur intention à celle du curé de la paroisse. »

Ici encore M. Haclin nous apparaît comme ayant eu vraiment l'intuition des besoins de son siècle. Il disposait, dans sa petite sphère, les fidèles à recevoir religieusement les enseignements que plus tard donnerait Léon XIII sur le Saint Rosaire, en imprimant une plus grande et plus générale impulsion à cette dévotion à Marie.

Il propagea aussi avec zèle la dévotion au scapulaire du Mont-Carmel. Et, comme il tenait à ce que ses paroissiens pussent participer aux grâces et faveurs attachées au port de ce scapulaire, il obtint, en 1855, du Général des Carmes déchaussés à Rome l'autorisation de l'imposer.

Cette impulsion donnée à la dévotion à la Sainte Vierge dans sa paroisse devait un jour se montrer au dehors d'une façon éclatante et triomphale.

Dans toute la France la dévotion à Marie s'étendait comme une marée montante.

C'était d'abord une pieuse et poétique coutume qui avait commencé à se généraliser, celle de consacrer à la Ste Vierge le mois de Mai tout entier et de le sanctifier par des exercices en son honneur. On conçoit que M. l'abbé Haclin ne la négligea pas. Il exhorta les fidèles de sa paroisse à décorer, à fleurir les autels de Marie, à se réunir dans l'église au déclin du jour pour entendre la lecture des vertus de la Ste Vierge, et chanter les louanges de Dieu et de son auguste Mère.

Oh! la religieuse et belle inspiration que celle qui demande au printemps d'apporter l'hommage de sa plus riche parure à la Reine de la terre et du ciel! Qu'elle l'avait bien senti l'âme si tendrement filiale et si poétique de M. Haclin! Aussi, volontiers il disait à toute cette nature avec le Livre Saint : « O fleurs de mai, fleurissez pour elle comme le lis ; arbres, donnez-lui votre feuillage ; terre, exhalez pour elle le parfum de l'encens, chantez-lui votre cantique, et qu'ainsi le Seigneur soit loué dans ses ouvrages. »

CHAPELLE DE LA SAINTE VIERGE

Mais où éclate surtout cette grande dévotion à Marie, c'est dans les ex-voto, les chapelles, les églises, les basiliques qui sortent de terre et fleurissent sous le souffle de la chaude piété qui baigne notre terre de France. La dévotion à Marie, que l'apostolat de M. l'abbé Haclin inculquait à ses paroissiens, devait produire infailliblement le même effet. L'année 1858 devait en être le témoin.

Grâce à la générosité de ses paroissiens, le Curé de Morcourt conçut le projet de construire une chapelle à la Sainte Vierge. Rien ne paraissait plus beau pour son amour filial envers Marie. Le plan conçu était magnifique, il le réalisa. Ce monument bâti sur une éminence, à l'embranchement de deux chemins très fréquentés, est remarquable de beauté et d'élévation.

C'était donc bien le triomphe de Marie que préparait M. l'abbé Haclin dans sa paroisse.

En effet, le jour de la bénédiction de ce sanctuaire, des milliers de personnes, cinq à six mille au moins, acclamèrent cette bonne Mère.

Le journal l'*Univers* et le *Rosier de Marie* firent à cette époque une relation enthousiaste de cet émouvant triomphe de Marie dans la paroisse de Morcourt et dans toute la contrée.

DÉVOTION A SAINT JOSEPH.

M. l'abbé Haclin, comme on le pense bien, ne séparait pas la dévotion à saint Joseph de la dévotion à Marie.

Le culte de saint Joseph avait grandi lui aussi, il s'était développé surtout dans la seconde moitié du XIXe siècle.

La catholicité tout entière, mais spécialement la France, au Concile de Bordeaux, multiplièrent leurs suppliques auprès du Saint Siège, pour que saint Joseph fût investi du titre de Patron de l'Eglise universelle. Ne l'avait-il pas été, lorsque l'Eglise c'était l'étable de Bethléem et la maison de Nazareth? N'en avait-il pas été le pourvoyeur, le défenseur et le soutien ? Et puis, ce patron de la sainte Famille n'était-il pas comme de droit le protecteur et le patron de la famille chrétienne, en si grave péril de désorganisation aujourd'hui ? Enfin, cet ouvrier n'était-il pas prédestiné à devenir le patron de toute la classe ouvrière, prédominante de nos jours ? Et la fête de saint Joseph, ainsi comprise, n'allait-elle pas être du même coup une triple fête patronale : fête de l'Eglise, fête de la famille et du foyer, fête du travail de l'atelier ? En était-il une, conséquemment, qui fût davantage et dans l'esprit de l'Evangile et dans l'esprit des temps nouveaux ?

M. l'abbé Haclin avait senti cela encore. Et comme toujours, il dirige les esprits et les cœurs de ses paroissiens vers cette dévotion qui lui était chère ; il les prépare ainsi aux grands enseignements de l'Eglise pour l'avenir.

Dès le début de son ministère, vers 1855, il projette de créer une congrégation de la Sainte-Famille. Le but qu'il se proposait, nous dit-il lui-même, c'était de faire de cette congrégation un groupement de toutes les œuvres paroissiales et de leur donner ainsi une vie commune et durable. Il lui semblait que l'arrivée de deux sœurs de l'Immaculée-Conception de Bordeaux, appelées dans la paroisse pour diriger une école de filles et pour visiter les malades, pouvait lui être d'un grand secours pour l'exécution de son projet.

Il avait eu la pensée de réunir dans une congrégation en l'honneur de la Sainte-Famille : 1º Les personnes associées au Rosaire vivant ; 2º Celles qui avaient eu autrefois la pensée de se faire religieuses carmélites ; 3º Celles qui avaient été membres d'une confrérie du Sacré-Cœur précédemment établie dans la paroisse. Il semblait qu'en érigeant cette congrégation, il allait assurer aux fidèles des avantages précieux, et, par les rapports qu'ils auraient avec les sœurs, garantir la durée du couvent de l'Immaculée-Conception ; il le faisait prendre contact avec le peuple.

Le règlement qu'il fit fut approuvé par Mgr de

Salinis, évêque d'Amiens. Hélas ! l'établissement de la Congrégation de la Sainte-Famille ne fut jamais qu'un projet. « Pour des raisons graves, dit lui-même M. Haclin, il m'a été impossible jusqu'ici de donner suite à ce projet. DIEU veuille par la suite lever toutes les difficultés qui m'ont paru insurmontables. »

Sans doute que le zélé pasteur n'a pas trouvé de circonstances favorables pour mettre sa pieuse idée à exécution, car elle resta toujours à l'état de projet. Toutefois, il est bon de remarquer qu'il songeait à créer dans sa paroisse, en 1855, une institution que Léon XIII conseillait, en 1889, dans sa lettre encyclique *Quanquam pluries*, sur le patronage de la Sainte-Famille.

Malgré cet insuccès, on nous saura gré de donner, à titre d'indication et d'édification, le premier article de cette institution approuvée par l'Evêque d'Amiens ; il montre la grandeur et la noblesse des sentiments, en même temps que le zèle pour les âmes dont le cœur de ce prêtre était animé.

« Article 1er. — Les personnes qui entreront dans la Congrégation se proposeront de mettre en commun leurs prières et leurs mérites, de s'exciter mutuellement à la pratique de toutes les vertus, de travailler à la conversion des pécheurs, de servir les pauvres et de visiter les malades de la paroisse. Outre les devoirs d'état et les pratiques de religion généralement recommandées à tous les fidèles, les congréganistes s'efforceront d'imiter autant que possible Notre-Seigneur JÉSUS-CHRIST, sa sainte Mère et saint Joseph.

Malgré cet insuccès apparent, le pieux Curé de Morcourt n'en continua pas moins à développer dans sa paroisse cette grande dévotion à saint Joseph. Chaque année, il faisait en public, le soir, le mois de cet illustre Saint.

Et quand le 8 décembre 1870, s'inspirant des pensées qui agitaient le monde catholique, Pie IX promulgua le décret, par lequel le Bienheureux Joseph était solennellement proclamé « patron de l'Église universelle », ce ne fut point pour le Curé de Morcourt et sa paroisse un cri de surprise qui s'échappa de leur cœur, mais une enthousiaste acclamation pour leur vœu enfin réalisé.

DÉVOTION A SAINT FRANÇOIS D'ASSISE

M. Haclin ne s'attachait pas seulement à créer des œuvres. Il s'efforçait de ranimer celles qui existaient déjà et qu'il savait devoir être d'un grand secours pour le bien à faire dans sa paroisse. C'est ainsi qu'y trouvant le *Tiers-Ordre de S. François* établi, il s'efforce de rendre aux membres qui le composent leur première ferveur. Car, dit-il, si le règlement du Tiers-Ordre était fidèlement observé, ne serait-il pas vrai de dire que les exemples de piété, de mortification et de charité donnés aux fidèles par les tertiaires peuvent produire parmi eux des fruits plus abondants de salut et de conversion ? »

Ne croirait-on pas vraiment entendre Léon XIII s'écrier, quelque trente ans après, dans son encyclique *Humanum genus* du 30 avril 1884, dirigée contre les sociétés secrètes, et s'adressant aux évêques : « Ma réforme sociale à moi c'est le Tiers-Ordre. Protégez-le, c'est lui qui peut régénérer le monde. » C'était bien opposer la vieille et traditionnelle association catholique du moyen âge aux associations antichrétiennes de notre âge. Car, c'est bien une association essentiellement populaire et égalitaire que celle-là. Et, s'il faut aux chrétiens de nos jours des vertus viriles, où en trouveront-ils les leçons et les exemples, sinon dans la religion du grand pauvre d'Assise et de l'amant stigmatisé de la croix de JÉSUS ?

« Dans cette vue, dit encore M. Haclin, et aussi pour répondre à une inspiration de la grâce, j'ai reçu l'habit du Tiers-Ordre le 21 octobre 1863 et j'ai fait ma profession le 27 octobre 1864. » Il fut toute sa vie un fervent tertiaire, tout pénétré de l'esprit de son Ordre : pénitence, abnégation, détachement des biens de ce monde. Sa vie était celle d'un vrai religieux.

CHAPITRE XII

LES ŒUVRES D'APOSTOLAT CATHOLIQUE

Les œuvres appellent les œuvres. — Propagation de la Foi. Nouvelle vie. — Sainte-Enfance. Fondation de l'œuvre. — Œuvre de Saint François de Sales. — Bonne Presse. Importance. Nécessité. — Propagation. — Importance qu'il attache aux œuvres.

CHAPITRE XII

LES ŒUVRES D'APOSTOLAT

LES œuvres appellent les œuvres. M. l'abbé Haclin s'efforce d'organiser sa paroisse, d'y développer ou d'y créer toutes les œuvres qui peuvent lui être utiles, aussi bien spirituellement que matériellement. Il la pousse vers une plus grande perfection et un plus grand bonheur, y entretient cette foi séculaire qui fait son honneur, et lui donne la paix.

Mais M. Haclin ne vit pas seulement pour sa paroisse, et il ne veut pas que sa paroisse vive seulement pour elle-même. S'il désire qu'elle participe au bien du dehors, il désire aussi qu'elle y contribue. L'association, c'est la vie de l'Eglise. Les œuvres de zèle resserrent les rangs de l'armée catholique ; elles groupent les chrétiens autour de leurs pasteurs, et mettent à la disposition de l'Eglise de nouvelles et précieuses ressources, soit pour propager la foi au dehors, soit pour la conserver ou la ranimer au dedans. Elles rendent meilleurs ceux qui s'y adonnent : elles grossissent le noyau des fervents catholiques qui, dans chaque diocèse, dans chaque paroisse sont l'âme de tout le bien. Plus il y a de bonnes œuvres, plus il y a de vie chrétienne en

activité. Aussi, les chrétiens du XIXe siècle semblent avoir repris la vie des chrétiens des premiers
siècles : ils mettent leurs biens en commun, afin de
soutenir leurs œuvres et de porter au loin le nom de
JÉSUS-CHRIST. On l'a dit avec raison, le XIXe
siècle a été le siècle des grandes œuvres catholiques,
elles sont l'appui de l'Eglise dans les temps diffi-
ciles que nous traversons. C'est une germination
providentielle que DIEU a suscitée pour affermir le
courage de son Eglise, la répandre davantage, au
moment où la terre révoltée semble se dérober sous
ses pieds.

Pour l'extérieur, ce sont principalement les
œuvres de la Propagation de la Foi, de la Sainte-
Enfance.

Pour l'intérieur, ce sont surtout les œuvres de
Saint François de Sales, de la Bonne Presse.

PROPAGATION DE LA FOI

Cette œuvre n'était pas inconnue à Morcourt
quand M. Haclin y arriva, mais elle semblait à peu
près disparue. Son désir fut de lui rendre le plus vite
possible une nouvelle vie.

« L'œuvre était assez connue, écrit-il, pour me
donner l'espoir d'obtenir de nouvelles adhésions.

» Je fis donc appel aux personnes aisées et charitables ; je me transportai dans les maisons, et mes
démarches furent couronnées de succès. »

Aussi, l'heureux zélateur écrit-il encore dans son

enthousiasme : « L'an 1852, le premier janvier, animé du désir d'étendre le règne de JÉSUS-CHRIST sur la terre, confiant dans les dispositions d'un grand nombre de fidèles de la paroisse, j'ai sollicité et obtenu de plusieurs un abonnement aux annales de la propagation de la Foi.

» DIEU soit loué à jamais de s'être servi de mon humble ministère, pour rétablir dans cette paroisse une association si chère à tous les vrais chrétiens ! »

Et plus tard, il disait avec bonheur : « En ce moment l'œuvre de la Propagation de la Foi est très florissante. J'espère que DIEU, en récompense des sacrifices que ma paroisse s'imposera pour les peuples infidèles, la comblera de ses plus abondantes bénédictions.

SAINTE ENFANCE

Tout ce qui a rapport à l'apostolat touche au cœur M. l'abbé Haclin ; immédiatement il s'en fait le propagateur zélé.

Une autre œuvre secourable aux missionnaires, celle de la Sainte-Enfance, l'avait également séduit dès les premières années de son ministère. Il écrit à ce sujet : « Nous n'avons pas cru faire quelque chose de plus agréable au Cœur de JÉSUS-Enfant, que d'établir cette œuvre dans la paroisse de Morcourt. L'appel que nous avons fait aux enfants a été parfaitement entendu. Le 2 février 1857, nous avons inscrit sur le registre de l'association les noms de plus de soixante associés, tant garçons que filles. Le commencement est vraiment admirable, et nous en avons l'espoir, ce mouvement prendra encore plus d'extension dans l'avenir. »

C'était un magnifique succès.

ŒUVRE DE SAINT FRANÇOIS DE SALES

Mais ce n'était pas seulement les œuvres d'apostolat extérieur qui attiraient l'attention et le zèle du Curé, les œuvres d'apostolat intérieur ne recevaient pas de lui moins de dévouement. Il savait qu'elles remplacent, quoique bien imparfaitement, les ressources, jadis si abondantes, de la propriété ecclésiastique, et toutes ces institutions bienfaisantes que la foi des âges chrétiens avait fondées, mais que la triple tourmente protestante, voltairienne et révolutionnaire a détruite presque de fond en comble.

L'œuvre qui devait contribuer à réparer toutes ces ruines est l'*œuvre de Saint François de Sales*. C'est une sorte de Propagation de la Foi au dedans.

Il n'en fallait pas tant pour que M. Haclin s'inscrivît, et fît tous ses efforts pour faire inscrire dans cette ligue du bien le plus grand nombre possible de paroissiens. Il attendit pour cela qu'une circonstance favorable se présentât.

« L'œuvre de Saint François de Sales, écrit-il, a été établie dans la paroisse de Morcourt, à l'occasion d'une mission, en mars 1885. Elle y est née sous l'inspiration du zèle, et aussi de la reconnaissance pour les secours reçus du Conseil central.

ŒUVRE DE LA BONNE PRESSE

Enfin, une dernière œuvre d'apostolat que nous nous reprocherions de passer sous silence : *l'œuvre de la Bonne Presse*, eut aussi les grandes sympathies de M. Haclin. Elle fut trop recommandée par Léon XIII pour ne point attirer son attention. Elle trouva en lui un propagateur zélé. Il se rendait compte depuis longtemps de son importance et de sa nécessité.

Les efforts des ennemis de la religion qui, par leurs tracts et leurs journaux, ne cessent de la dénigrer, étaient plus que suffisants pour l'en convaincre. Et pour lui, cette parole de l'intrépide Mgr Kettler était la vérité même : « que si saint Paul revenait aujourd'hui pour évangéliser le monde, il se ferait journaliste », tant lui apparaissait puissante l'action de la presse sur le monde, pour y répandre les bonnes comme les mauvaises idées.

Depuis longtemps déjà, il soutenait de ses deniers la presse catholique, quand par l'apparition du journal *La Croix*, elle devint enfin la presse populaire catholique. C'était la réalisation de l'un de ses désirs les plus vifs. Aussi, son premier soin fut de s'en faire l'apôtre et le propagateur dans sa paroisse. Il obtint un heureux succès dont il manifestait volontiers sa joie.

En terminant ce chapitre des œuvres, pour montrer l'importance que M. Haclin y attachait, — on pourrait dire qu'elles furent la pensée de toute sa vie jusqu'à son dernier soupir, — nous ne saurions mieux faire que de transcrire les dernières lignes de son testament. C'est à ces œuvres qu'il laissait ce qui aurait pu lui rester d'argent.

Il écrivait : « Après ces dépenses, le peu d'argent qui restera sera distribué aux œuvres ci-après désignées : 1º La Propagation de la Foi ; 2º La Sainte-Enfance ; 3º Saint François de Sales ; 4º Caisse des prêtres infirmes ; 5º l'œuvre des Vocations ecclésiastiques. »

On nous permettra de faire remarquer que, par ces sages dispositions, M. l'abbé Haclin laissait à sa famille le seul bien patrimonial qu'il en avait reçu.

LIVRE III

L'HOMME DE LA PAROISSE

CHAPITRE XIII

L'ADMINISTRATEUR.
LE RESTAURATEUR.

CHAPITRE XIII

L'ADMINISTRATEUR.
LE RESTAURATEUR.

Tout en travaillant à l'édifice spirituel des âmes, en leur assurant la plus large participation possible aux biens éternels, M. Haclin ne négligeait, ni les biens temporels qui aidaient à la vie de la paroisse, ni l'édifice matériel qui servait aux offices du culte; ni le culte lui-même qui se déployait au milieu des plus touchantes cérémonies. Tout cela, c'était la vie chrétienne apparaissant au dehors dans ses plus éclatantes manifestations.

Il apportera à l'administration des biens de la paroisse tous ses soins ; à l'entretien et à la restauration du temple, toute sa science et tout son goût artistique; aux cérémonies et aux chants sacrés qui s'exécuteront dans ce temple toute sa piété, avec le soin le plus méticuleux des règles de la Liturgie. On ne saurait mettre trop d'étiquette dans ses relations avec Dieu.

ADMINISTRATION TEMPORELLE

Toute la première moitié du XIXe siècle a été employée par l'Église de France à rentrer en possession des droits que la Révolution lui avait enlevés, et que le Concordat n'avait pas abrogés. Son grand souci encore fut la réorganisation des Fabriques. Mgr Affre faisait paraître alors son *Manuel des Fabriques* qui était un guide éclairé.

A son arrivée à Morcourt, M. Haclin était pénétré de toutes ces pensées. Il s'occupe aussitôt de l'organisation de sa paroisse. Il a à cœur de régulariser toutes choses. On le voit fréquemment recourir à son évêque. Il réorganise le Conseil de Fabrique.

A Morcourt, comme à Riencourt, il se fait remarquer par un grand esprit d'ordre, et une entente remarquable des affaires. Il déploie une sagesse et une sûreté de jugement très grandes pour élucider certaines questions de Fabrique fort embrouillées. Il sait faire revivre d'anciennes fondations, et assurer leur existence. Dans tout cela, il apporte un grand sens juridique.

Le 4 janvier 1857, il fait reconnaître par le conseil de Fabrique son droit de propriété sur une pièce de terre, connue sous le nom de *Terre d'Angelus*.

Terre d'Angelus ! N'est-ce pas que nos pères trouvaient des mots bien expressifs pour rendre leur pensée ?

ÉGLISE DE MORCOURT

VUE INTÉRIEURE

Terre d'Angelus ! C'est cette terre qui produira les ressources nécessaires pour faire entendre aux laboureurs le rappel de DIEU, lorsqu'ils voient que :

> Du matin au couchant l'ombre déjà tournée
> S'allonge au pied du chêne et sur eux va pleuvoir ;
> De l'autre bord du champ le sillon se rapproche.
> Mais quel son a vibré dans les feuilles ? La cloche
> Vient donner de si loin son coup à la pensée :
> C'est l'*Angelus* qui tinte, et rappelle en tout lieu
> Que le matin des jours et le soir sont à DIEU.
> A ce pieux appel le laboureur s'arrête,
> Il se tourne au clocher, il découvre sa tête,
> Joint ses robustes mains d'où tombe l'aiguillon,
> Elève un peu son âme au-dessus du sillon,
> Tandis que les enfants à genoux sur la terre
> Joignent leurs petits doigts dans les mains de leur mère [1].

C'est ce que le pieux curé de Morcourt voulait faire redire à ce champ qu'il rendait à sa vénérable destination.

RESTAURATION DE L'ÉGLISE

Une fois l'ordre bien établi dans l'administration fabricienne, M. l'abbé Haclin s'occupe aussitôt de la *Restauration de son église*, qu'il a grandement à cœur. On aurait pu lui appliquer ce que saint Jérôme disait de Népotien : « Il voulait que l'autel fût brillant, les murs sans poussières, le parvis nettoyé, la sacristie propre, les vases riches et luisants, il y veillait avec sollicitude [2]. »

---

1. Lamartine. — *Les laboureurs.*
2. S‘ Hyeron. *Ep. ad Heliod. De morte Nepotiani.*

Il faut dire que l'église de Morcourt méritait vraiment une restauration sérieuse et intelligente. C'est un beau monument du XVIe siècle, tout en pierres.

La tour, la nef principale, le chœur, la chapelle de la Sainte Vierge et la nef latérale nord sont les parties anciennes de l'église. Elles appartiennent au style flamboyant de l'époque de la Renaissance.

A l'arrivée de M. Haclin tout l'intérieur était à restaurer : voûtes de la nef et du chœur, voûtes des nefs latérales, fenêtres ; sacristie à bâtir, pavage à rétablir.

Il met toute son énergie, tout son goût, toute sa science à rendre à cet édifice du XVIe siècle son cachet primitif. Il ne voulut pas mieux faire que ce qui existait, et s'il savait les défauts de l'architecture de la Renaissance, il reconnaissait aussi le grand charme qui se dégage de la plupart de ses œuvres. Il n'eut qu'une seule pensée : rendre à sa vieille église sa première beauté.

Aussi, son bonheur fut-il à son comble, quand il eut enfin achevé les travaux de restauration.

Malgré le temps employé, il y avait eu tant d'esprit de suite dans l'exécution, que l'on croirait, aujourd'hui encore, que tout a été fait d'un seul jet.

Le goût le plus pur de l'art y avait présidé. Grâce à sa patience, à sa persévérance, et à son habileté à mener toute chose, il était heureusement arrivé au but désiré. Cette restauration, commencée en 1859, se terminait en 1884.

Il avait mis vingt-cinq ans « à en expulser les barbares », suivant le mot si pittoresque de Montalembert. Tous les frais avaient été supportés par la commune.

A Morcourt, c'était toujours la vieille tradition catholique qui se continuait. Dans tous les temps, les fidèles qui avaient construit leurs églises se sont imposé des sacrifices pour leur entretien. Ainsi le comprirent les habitants de Morcourt.

Au reste, leur dévoué curé avait déjà tant fait pour le bien matériel de la commune, qu'il était juste que celle-ci rendît à l'église le prix des sueurs et des travaux de son ministre. Honneur à elle ! elle n'y faillit point.

On peut se demander d'où est venu au zélé curé de Morcourt le goût si sûr de cette architecture du moyen âge ?

Ce n'est évidemment pas dans les études qu'il a

pu faire à ce sujet au Séminaire, elles n'existaient
pas. Il avait en lui-même un goût inné pour ces
choses si grandes et si belles. Et comme le dit si
bien Mgr Baunard [1], « il sentait naturellement que
l'architecture gothique, par le sublime élancement
de ses lignes, symbolisait excellemment « l'ascension
de l'âme vers DIEU », suivant la définition de la
prière. Fille du christianisme, elle est bien la forme
de sa foi, le signe de son espérance, et l'aspiration
de son cœur vers le céleste objet de l'éternel
amour. »

Et puis, toujours M. Haclin se tenait au courant
de ce qui se publiait sur ce sujet ; il aimait à respirer
l'atmosphère artistique qui ramenait les esprits à une
plus saine appréciation d'une époque si riche et si
fertile en chefs-d'œuvre. Au reste, il n'avait qu'à
écouter les grands vengeurs du moyen âge, tels que
de Caumont, Viollet-le-Duc, Quicherat, de Montalembert, Guizot, etc.,« qui par la vulgarisation de
l'archéologie française, la géniale éloquence de leur
plume, leur incomparable crayon, la science de leur
méthode, la révélèrent aux artistes et aux savants,
la firent pénétrer dans l'enseignement classique, y
intéressèrent les gens du monde, initièrent le peuple même à notre passé artistique [2]. » C'est en
écoutant les leçons de tels maîtres que la renom-
mée lui apportait, que M. l'abbé Haclin eut la

---

1. *Un Siècle de l'Eglise de France*, p. 245.
2. C. Anlart, *Manuel d'Archéologie française*, préface p. X.

compréhension de ce *mens divinior*, qui donne la
vie à l'art et en révèle le mystère. Avec sa foi
seule, il sut rendre et conserver à sa vieille église
de Morcourt le beau cachet de notre architecture
nationale. Et ce que disaient à nos âmes ces
vieilles et saintes églises où nous allons prier,
la croix de leur transept, le mystère de leurs
nefs, le symbolisme de leurs ornements, la lumière
vivante et parlante de leurs verrières, la végétation
de leurs sculptures, l'envolée de leurs colonnes,
M. l'abbé Haclin sut le faire redire à sa vieille église
de Morcourt.

En cela, il était encore l'apôtre de son temps, car,
suivant la juste remarque de Guizot : « En appre-
nant à comprendre, à admirer nos églises, on est
devenu presque juste, presque affectueux pour la
foi qui les a élevées. C'est là un retour un peu futile
vers la religion, il est vrai, retour sincère cependant
et qu'il ne faut pas dédaigner [1]. » La religieuse
émotion, en effet, dont nos âmes sont saisies, quand
nous pénétrons dans nos vieilles églises, mise en
regard de la froideur où nous laissent les construc-
tions banales ou prétentieuses des époques plus
voisines de nous, n'est-elle pas un témoignage
spontané, irréfléchi, mais éloquent et irrécusable de

____

1. Société des Antiquaires de Normandie, août 1837.

l'esprit de foi qui animait ceux qui les ont élevées ? Aussi, c'était une pensée bien souvent répétée par l'abbé Haclin, que celle-ci : « Aimons donc nos églises, celles surtout qui portent les marques vénérables de leur ancienneté ; aimons-les pour leur passé souvent glorieux, pour les sacrifices généreux qui les ont fait naître et les ont embellies, pour les générations meilleures que la nôtre, qui les ont imprégnées de leurs prières, de leurs douleurs et de leurs joies. Aimons en elles l'âme d'un passé fait de foi et d'amour. » — Et pour les mieux aimer, comme le judicieux curé de Morcourt, regardons-les, étudions-les, pénétrons leur structure, recherchons leur âge, intéressons-nous à leur histoire, et surtout gardons-nous de vouloir les rajeunir, les embellir, les moderniser ; et, s'il faut absolument les restaurer ou les consolider, ou même les agrandir, faisons-le avec la plus discrète réserve, avec les plus pieux ménagements. Que de mutilations à jamais regrettables nos pauvres églises ont eu à subir par l'effet d'un zèle mal entendu, et d'une bonne volonté mal informée ! Que de malencontreuses restaurations, que de prétendus embellissements ont pour jamais défiguré des monuments vénérables, qui auraient dû être traités avec un respect infini ! Tel ne fut heureusement point le cas de M. Haclin : mieux informée fut sa bonne volonté, mieux entendu fut son zèle, et plus heureuse sa restauration de l'église de Morcourt.

Montalembert disait, en 1853, devant M. de Cau·
mont : « Messieurs, quand nous élèverons un buste
ou une statue à M. de Caumont, nous y graverons
ces mots : *Te saxa loquuntur*. Et ces pierres qui
parleront de lui, ce seront les monuments de notre
vieille France, c'est-à-dire, les plus nobles pierres
qu'on puisse voir sous le soleil. » Il me semble que,
sur la pierre commémorative que les habitants de
Morcourt, dans leur reconnaissance, ont élevée dans
leur vieille église à leur vieux curé, on aurait pu
graver aussi ces mots : « Te saxa loquuntur. »
Et ces pierres pui parleront de lui, ce seront les
vieilles pierres de cette vieille église.

M. l'abbé Haclin fut donc bien de son temps,
puisqu'aujourd'hui, il sut faire rendre par l'art à la
religion quelque chose de ce qu'il en avait reçu.

CHAPITRE XIV

LE CULTE.

Prière liturgique au XIXe siècle : Cardinal
Pie. — Dom Guéranger. — Témoin de la
grande lutte liturgique. — Grosses difficultés pratiques : Mgr Baunard. — Sagesse de
M. Haclin dans la solution de ces difficultés.
— Sa scrupuleuse exactitude à exposer ses
doutes à son évêque. — Petites choses :
choses nécessaires. — L'Église ne prie pas
seulement, elle chante aussi. — Revenir à la
tradition grégorienne. — Currebant lacrymæ. — Magnifique résultat.

CHAPITRE XIV

LE CULTE.

L'ÉGLISE, le temple restauré, décoré dans le beau style chrétien, quelle est la prière liturgique qui, normalement, devra s'y faire entendre ? Ce fut une autre question au XIXe siècle ; et M. Haclin fut loin d'y rester étranger.

« Depuis deux siècles, remarque le cardinal Pie, l'erreur janséniste avait empoisonné toutes les sources de la piété, et la liturgie catholique en particulier. N'y eût-elle pas glissé ses insinuations perfides, c'était déjà beaucoup trop qu'elle nous fît prier par la bouche des novateurs, et non plus par celle de ces grands pontifes et docteurs de l'antiquité auxquels l'Église avait emprunté ses compositions sacrées. Quelque mérite intrinsèque qu'on voulût leur attribuer, les nouvelles formules n'avaient pour elles, ni l'universalité, ni l'ancienneté. Leurs auteurs n'avaient point reçu de l'Église l'attestation de la sainteté ; elles s'étaient produites en opposition à la discipline du Concile de Trente et aux constitutions du Siège apostolique. Enfin, dans l'acte le plus important de la vie chrétienne, elles isolaient la plupart des églises de France les unes des autres, et elles les isolaient toutes de l'Église romaine, avec laquelle la communion de prières n'avait pu cesser qu'au détriment certain de la conservation des doctrines et l'effusion des grâces. Plus le désordre s'enracinait et se généralisait, plus il apportait de retard et mettait obstacle à ce retour vers Rome, seul bénéfice à espérer de nos malheurs. »

Celui qui reçut comme la mission de mener ce mouvement liturgique vers Rome, fut un fils de Saint-Benoît, dom Prosper Guéranger, qui vint avec quelques prêtres séculiers s'établir dans l'ancien prieuré de Solesmes, au bord de la Sarthe, en 1832, pour y suivre ensemble la règle de saint Benoît dans la prière et l'étude, heureux d'arracher l'admirable monument de leur église au marteau des démolisseurs.

« Témoins, rapportent-ils eux-mêmes, de la réaction universelle dont le résultat était la conservation passionnée de tous les débris de l'architecture et de l'art religieux national, ils se demandèrent alors, s'il n'était pas temps de se souvenir que nos églises n'avaient pas seulement souffert dans leurs murailles, mais qu'elles étaient veuves surtout de leur vénérable liturgie d'autrefois, et des anciens et vénérables cantiques dont leurs voûtes aimaient à retentir. »

Ces lignes sont les premières d'un ouvrage considérable, qui allait opérer une révolution dans la forme de prier de l'Église de France. Elles paraissaient en l'année 1841, dans le premier volume des *Institutions liturgiques*. Ce mouvement de retour à l'unité liturgique avec Rome allait s'accentuer de plus en plus. L'homogénéité et l'unité romaine étant le centre de la gravitation de l'Église au XIXe siècle, c'était une démarche considérable vers ce but que ce retour à l'unique liturgie établie, autorisée, favorisée par le Saint-Siège. La lutte devait durer dix ans entre l'école gallicane et l'école ultramontaine.

M. l'abbé Haclin fut le témoin de cette grande lutte. Son Séminaire et les dix premières années de son ministère se passèrent au milieu de la mêlée, mais sa foi profonde, sa formation première, le firent se porter naturellement vers Rome ; il fut, comme on disait alors, « de la jeune école », tout en respectant les vieilles traditions.

Chez M. Haclin, le culte du pontife romain était la résultante de sa foi profonde. Et ce sera un véritable bonheur pour lui, le jour où il verra le clergé de notre diocèse, répondant à une demande de Mgr de Salinis, « émettre à l'unanimité le vœu du rétablissement de la liturgie romaine ».

« On est frappé, dit Mgr Baunard [1], quand on se
représente, ou mieux, quand on se rappelle les
difficultés et oppositions de tout ordre qu'avait à
supporter une pareille entreprise, l'attachement
invétéré des diocèses aux liturgies qu'ils s'étaient
données, à certains offices, à certains rites, à
certains chants populaires qui se confondaient,
chez les meilleures âmes, avec les plus touchants
souvenirs du premier âge et de toute leur vie religieuse ; l'identification qui se faisait chez les simples
de ces formes extérieures avec la religion elle-même,
qu'ils disaient mortellement atteinte du même coup,
et le scandale profond qu'en recevait leur foi. Et
puis, pour les fidèles et pour les gens d'église, de
nouvelles habitudes à prendre, de nouveaux livres à
étudier, de nouveaux chants à moduler, de nouvelles
dépenses à faire, toute une révolution dont la conséquence était un grave péril de désertion pour les
églises déjà trop vides. » C'est tout cela qui faisait
écrire à Mgr Pie : « Aux yeux mêmes de Dom
Guéranger, cette entreprise était alors dépourvue
de toute chance de résultat. Mais, c'est en cela aussi
que le succès devait apparaître comme la manifestation et comme l'opération de la volonté divine. »

Et c'est précisément ce qui avait frappé grandement M. l'abbé Haclin. Le jour où la liturgie

---

1. *Un Siècle de l'Église de France*, p. 257.

romaine fut introduite dans le diocèse d'Amiens par Mgr de Salinis, il en fut l'humble et dévoué serviteur, en même temps que l'ami passionné.

Il apportait à l'application des règles liturgiques un soin scrupuleux ; le moindre doute à ce sujet le faisait aussitôt recourir à son évêque, soit pour l'élucider, soit pour obtenir une permission. Mais il mettait à l'application de ces règles une grande discrétion et une profonde sagesse, pour ne rien brusquer trop violemment dans le changement des traditions du passé, et ne point susciter de tempêtes inutiles dans sa paroisse. Il avait l'art des transitions.

C'est ainsi qu'il écrit à M. Maillard, Vicaire Général, quelques mois après son arrivée à Morcourt : « Depuis mon arrivée à Morcourt, j'ai suivi scrupuleusement les usages établis dans la paroisse. Je me suis cru investi des mêmes pouvoirs que mes prédécesseurs, et j'ai continué à célébrer les offices auxquels les fidèles étaient accoutumés. C'est ainsi que, tous les dimanches, je les ai réunis vers le soir à l'église, pour y chanter les vêpres du Saint Sacrement. Cet usage est assez ancien dans la paroisse, je pense même qu'il remonte à une époque antérieure à la grande Révolution. C'est par suite d'une fondation encore existante, que je présume qu'il a été établi. »

M. le Curé demande qu'en raison des désordres dont il a été la cause dans le passé, ce salut soit reporté le soir après Vêpres, depuis la Toussaint jusqu'à Pâques. Il demandait aussi qu'on voulût bien lui indiquer les prières dont se composeront ces saluts.

Comme on le voit, M. Haclin ne voulait rien prendre sous sa responsabilité. Il était traditionnel, et c'est pour cela qu'il voulait recevoir la direction de son évêque.

En 1858, c'est encore pour les règles liturgiques à observer qu'il demande les autorisations nécessaires à son évêque, avec les règles à suivre. Il s'agit d'une coutume qui existe, d'exposer, les premiers dimanches du mois, le Saint Sacrement avec l'ostensoir, au commencement de la messe, des vêpres et du salut, et de la bénédiction à la fin de ces offices, ainsi que de faire une procession du Très Saint Sacrement. Mais, comme il demande une dérogation aux règles liturgiques, il a soin d'ajouter : « Je crois comprendre, Monseigneur, combien il vous en coûte de permettre une dérogation aux règles de la liturgie, et le désir que vous éprouvez de mettre fin le plus tôt possible aux abus qui existent dans le diocèse ; mais, si mon avis pouvait avoir quelque importance pour le cas dont il s'agit, je ne conseillerais pas encore la suppression de cet abus, ne la jugeant pas opportune, mais de le supporter temporairement. Dès aujourd'hui, je vais commencer à faire comprendre à mes paroissiens que nous ne sommes pas en droit de continuer l'exposition du Saint Sacrement comme nous le faisons, les premiers dimanches du mois, et que, dans peu, nous devrons nous soumetttre à ce que votre Grandeur aura décidé. »

On le voit, c'est bien l'amour de rentrer dans le droit commun qui le guide ; mais quel ménagement il y apporte pour ne rien brusquer. Il termine, du reste, sa lettre en disant : « Afin de rentrer dans l'ordre aussitôt que possible, je supplie votre Grandeur de me prescrire les règles à suivre désormais, et les changements que je devrai apporter à cet usage. »

Nous le voyons encore recourir à son Evêque pour la manière de chanter la messe en semaine, pour savoir s'il est permis d'omettre quelques traits ou *alleluia*, sur l'entretien d'une lampe devant une statue de la Sainte Vierge, sans préjudice pour la lampe du sanctuaire, etc.

Petites choses, dira-t-on peut-être ? Non, pas petites choses, mais choses nécessaires. Car, il ne faut pas l'oublier, nous sommes à l'époque de l'établissement de la liturgie romaine dans le diocèse d'Amiens ; il n'y a pas encore de manuel liturgique de publié ; dans le doute, il était donc nécessaire de recourir à l'évêque, afin de rentrer ou de rester dans l'unité.

Pour M. Haclin, ces questions qui paraissent des questions de détail, n'étaient pas de petites questions, de petites règles. Elles formaient le tout d'un ensemble dont il n'était pas permis de rompre l'unité.

L'Église ne prie pas seulement, elle chante aussi.

« Heureux, dit fort bien Mgr Baunard, celui qui le soir, dans l'ombre d'un vieux cloître gothique, a entendu se prolonger l'écho de la voix de l'Église, dans ce chant grave et tendre, qui est son chant à elle, un chant qui est une parole, une musique qui étant riche demeure simple, qui étant forte, demeure douce, chant de la nature et chant de l'âme, voix de la foi et cri de l'amour, langage spontané d'un cœur touché de Dieu et qui jaillit de là pour retourner à Dieu. »

Il porte le nom de plain-chant. C'est le chant ecclésiastique traditionnel depuis saint Grégoire-le-Grand.

Or, le chant étant lié à la liturgie, comme la musique l'est aux paroles, la réforme de l'une, à notre XIXe siècle, appelait et entraînait le changement de l'autre.

Revenir le plus possible à la tradition grégorienne, tel fut le travail et le sujet de longs débats entre des hommes de science et de goût, qui ne paraissent guère fixés que depuis le *Motu proprio* de Pie X, 8 Décembre 1903.

Le plain-chant, dans le diocèse d'Amiens, suivit ce mouvement; de nouveaux livres furent publiés. M. l'abbé Haclin trouva encore là un terrain à appliquer son goût et ses aptitudes naturelles. Doué d'une voix remarquable, au timbre puissant, grave, harmonieux, renfermant quelque chose de métallique dans le son, qui lui donnait une vibration particulière et fort agréable, d'une vigueur que rien ne lassait, que la vieillesse même ne sut atteindre, il suivit cette impulsion vers le retour aux vraies traditions. Et lorsqu'on l'entendait faire retentir dans nos grandes cérémonies le magnifique *Credo* de notre foi, ou l'enthousiaste *Laudate Dominum omnes gentes* de notre reconnaissance, à l'émotion toujours profonde, toujours neuve, on se demandait s'il était ailleurs des chants et des mélodies qui vibrassent dans l'âme avec cette intensité d'accent. C'est, après l'avoir entendu, qu'on se rappelait avec bonheur cette réflexion de Dom Pothier, à la fin de ses « Mélodies Grégoriennes » d'après la tradition : « Le plain-chant, en lui-même et bien exécuté, est vraiment le chant de l'âme, le moyen d'expression toujours simple et naturel, mais puissant, de la vraie prière ; non pas de cette prière froide qui s'isole comme si elle avait peur d'elle-même, mais de la prière sociale et liturgique, qui épanouit le cœur et soutient dans l'âme le saint enthousiasme, l'élan et la joie ; joie de l'espérance qui doit préparer à celle de la jouissance dans le sein de DIEU [1]. » Et volontiers on eût dit avec saint Augustin : « *Currebant lacrymæ, et bene mihi erat cum eis.* Mes larmes coulaient et j'étais heureux de pleurer. »

Mais M. Haclin ne se contentait pas de bien chanter lui-même, il formait aussi des chantres. On a dit bien souvent que la paroisse de Morcourt était une pépinière de chantres, et c'est vrai. Le curé avait formé dans cette paroisse une véritable école de chant.

« La restauration liturgique, dont le glorieux Pape Pie IX signalait la portée, dans les éloges solennels décernés par lui au nom de l'Église à Dom Guéranger, le vaillant promoteur d'un si heureux mouvement, devait produire des résultats considérables et multiples. Ce retour inespéré à des traditions déjà plus de dix fois séculaires eut, entre autres conséquences, et celle-ci n'est pas la moins importante, d'engager ou au moins d'exciter davantage les esprits à étudier les institutions d'un passé avec lequel, dans le domaine des arts comme dans

---

1. *Mélodies Grégoriennes*, p. 299.

celui de la science, on avait plus ou moins rompu, au grand détriment du progrès [1]. »

Pour M. l'abbé Haclin, on a pu s'en rendre compte, toutes ces voix de l'Église, de la science et de l'art chrétien : architecture, peinture, liturgie, chant sacré, étaient autant de voix de Dieu, qu'il aimait à faire entendre et à admirer. Par elles, il parlait aux âmes et les ramenait à Dieu. C'était toujours pour lui le même résultat de la même vie, la vie d'apôtre.

1. Dom Pothier. *Mélodies Grégoriennes*. Préface.

LIVRE IV

L'HOMME DU PEUPLE.

CHAPITRE XV

CRÉATION D'UNE ÉCOLE DE FILLES

L'Homme du Peuple succède à l'Homme de DIEU et de l'Église. — Mouvement scolaire au XIXe siècle. — Instruction primaire. — Thiers Cousin. — Opinion de M. Haclin. — Loi de 1850. — Création d'une école de Filles. — Premières Directrices. — Sœur Théophane. — Lettre d'un martyr en cage : V. Théophane Vénard. — Moissons de vertus. — Sainte mort. — Dévouement de M. Haclin pour ses religieuses. — Direction des classes. — Formation pratique. — Lutte contre l'enseignement religieux. — Fermeture de l'école.

CHAPITRE XV

CRÉATION D'UNE ÉCOLE DE FILLES

Dès le début de son arrivée à Morcourt, nous avons vu que le programme de M. l'abbé Haclin était le relèvement religieux, moral, intellectuel et social de sa paroisse.

Nous savons comment il a travaillé au relèvement religieux et moral. Il va nous apparaître maintenant, travaillant au relèvement intellectuel et social. C'est *l'Homme du Peuple* qui succède à l'Homme de Dieu et de l'Église.

Bien que ce double mouvement se soit fait simultanément, il ne nous était pas possible de le montrer agissant en même temps sous ces deux aspects. Il saisissait les âmes et les corps dans une même étreinte.

Travailler à la sanctification des âmes par des œuvres multiples ne suffisait pas au zèle de M. Haclin. Il se rendait compte que cette sanctification dans l'homme dépend presque toujours de l'éducation première reçue.

« Or, une des caractéristiques du XIXe siècle, dit un docte prélat [1], sera le prodigieux effort accompli dans la plupart des nations du monde pour faire l'éducation du peuple au moyen de l'enseignement primaire. » Un de nos contemporains a proposé de lui donner le nom significatif de *Siècle de l'Instruction primaire*. Il va même jusqu'à appeler cette instruction *une manière de rédemption de l'humanité* [2]. Combien il faut rabattre de ces dithyrambes ! les statistiques sur la moralité publique le disent assez.

Mais le fait qui reste acquis, c'est que l'éducation populaire a été l'un des plus grands soucis publics de notre âge, et que, dès aujourd'hui, l'œuvre accomplie est immense.

« Un pareil effort vers l'instruction élémentaire, digne en tout temps de l'humanité, devait surtout se produire à une époque que caractérisent les tendances démocratiques. Car, dans une démocratie, suivant la remarque de Montesquieu, l'affaire principale, le grand souci public, sera toujours l'éducation du peuple. Aussi, les peuples modernes, de plus en plus maîtres de leurs destinées par le droit de suffrage, sentent le besoin, pour se suffire à eux-mêmes, d'être plus éclairés, et ils se portent naturellement vers la culture intellectuelle. Heureux

1. Mgr Péchenard. — *Un Siècle*, p. 112.
2. Levasseur. — *L'Instruction primaire au XXe siècle.* — Revue pédagogique, 1895.

ces peuples, si la culture des volontés marchait de pair avec celle des intelligences ! [1] »

L'instruction primaire en France, pendant les cinquante premières années du XIXe siècle, avait été régie par le décret de 1808 et la loi de 1833. En 1850 apparut la grande loi de liberté pour l'enseignement, appelée loi Falloux. L'excès du mal faisait revenir au bien, même les adversaires les plus déterminés. C'est M. Cousin, l'irréductible universitaire, qui, quelques jours après le 24 février, rencontrant M. de Rémusat, lui dit tout effaré, levant les mains au ciel : « Mon ami, courons nous jeter dans les bras des évêques, eux seuls peuvent nous sauver aujourd'hui ! » C'est M. Thiers, écrivant le 2 mai 1848 : « L'Université est tombée aux mains des phalanstériens. Aujourd'hui ma résistance se porte là où est l'ennemi. L'ennemi d'aujourd'hui, c'est la démagogie, et je ne lui livrerai pas le dernier rempart de l'ordre social, l'établissement catholique. » Sur quoi, il proposait que l'instruction primaire fût confiée au clergé, tout entier et sans réserve. D'où provenait ce changement ? DIEU venait de tonner dans le ciel, au-dessus de ces têtes superbes. Il les avait retournées. Il leur avait montré, à la lueur des éclairs, l'abîme du socialisme ; et la crainte avait été

---

1. Mgr Péchenard. — *Un Siècle*, p. 314.

le principe d'une sagesse, laquelle, hélas ! ne devait guère lui survivre. Mais elle avait fait son œuvre. La liberté d'enseignement, défendue et votée par de pareilles mains, était manifestement un merveilleux coup de la bonté de DIEU.

M. Haclin exprimait la même pensée que MM. Thiers et Cousin effrayés de leur œuvre universitaire, lorsqu'il écrivait à l'un de ses amis publiciste : « Dans tous les temps l'Église a eu des épreuves ; la plus terrible peut-être est celle qui lui vient de l'Université. Je me trompe, ou l'Université a l'intention d'opposer les instituteurs au clergé, afin de déchristianiser la France. N'y a-t-il pas là un bouleversement de l'ordre social ? Serait-il temps encore de remédier à ce désordre ? Ne serait-il pas opportun de faire prévaloir les droits des catholiques et en particulier des évêques en ce qui regarde la mission de l'enseignement ? C'est peut-être l'unique moyen d'arrêter le dépérissement de la foi. » On est tristement heureux de montrer là la clairvoyance de M. Haclin. Il prévoyait juste. Il ajoute en effet : « Quoique la loi du 15 mars ait accordé la liberté de l'instruction primaire, il est de fait, néanmoins, que, dans la plupart des écoles laïques, — sans vouloir en cela porter atteinte à la moralité de ce corps enseignant, — l'instruction religieuse est presque nulle. »

Dans la loi de 1850, le curé est une des autorités préposées à l'enseignement primaire. C'est de concert avec lui que le maire doit dresser la liste des enfants admis à la gratuité. Tout ministre du culte, non interdit, a le droit de tenir une école primaire. Les supérieurs des associations religieuses reconnues jouissent de la faculté de présenter des candidats aux postes d'instituteurs communaux.

Sous l'influence de toutes ces pensées, on conçoit que M. l'abbé Haclin forma le projet de doter sa paroisse d'une école de filles qui n'existait pas. Aussi, profite-t-il de la grande liberté qu'accorde la loi de 1850, et, de concert avec le Conseil municipal, il appelle pour l'aider dans son ministère « quelques filles de ces innombrables familles de pauvres Sœurs, comme parle le cardinal Pie [1], qui, fondées depuis trente ou quarante ans, et multipliées avec une incroyable fécondité, se sont répandues jusque dans les quartiers les plus délaissés des villes, et jusque dans le fond des campagnes les plus abandonnées pour y instruire les enfants. » Car il sait « que le prêtre en leur imposant les mains, en les couvrant d'un voile, en leur plaçant une croix sur la poitrine, a dit : « Allez et enseignez ! » Elles vont, et elles enseignent. Elles enseignent comme

---

1. *Panégyrique de sainte Germaine.*

Un Curé Picard.   14

ayant puissance. C'est une œuvre spirituelle qu'elles accomplissent, un sacerdoce participé qu'elles exercent. »

Ainsi le pensait M. Haclin. Aussi, il n'hésite point à détacher une partie du jardin presbytéral, pour que la commune y construise une école de filles. Et, dans sa délibération du 10 août 1852, le Conseil municipal, en applaudissant à la sagesse des motifs qui lui sont exposés pour la création de cette école, adopte à l'unanimité ce projet. Laissons à M. Haclin le soin d'en faire lui-même l'historique.

« Pendant des siècles, il n'y eut qu'une école à Morcourt. Mais, en l'année 1852, le Conseil municipal, désireux d'appliquer la loi de 1850 touchant la liberté d'enseignement et la séparation des sexes, prit une délibération en date du 10 août pour la construction de deux écoles. Le devis qui en fut dressé s'élevait à la somme de vingt-cinq mille huit cent soixante-douze francs. On édifia l'école des garçons sur l'emplacement de l'ancienne, et celle des filles à l'extrémité du jardin du presbytère qui fut cédé par M. le Curé.

» Le but du Conseil municipal, en demandant la séparation des sexes, était sans doute d'adoucir la situation de l'instituteur, mais aussi de profiter de la liberté d'enseignement, et d'avoir des religieuses pour diriger l'école des filles. M. le Maire, de concert avec M. le Curé, fit des démarches auprès de M. de Tanley, alors Préfet de la Somme, et de M. Allot, Inspecteur d'académie ; sur leur recommandation la Supérieure de la Sainte-Famille de Bordeaux, fondée par M. de Noailles, consentit à envoyer à Morcourt deux congréganistes, dites de l'Immaculée Conception, l'une pour l'éducation des enfants, l'autre pour la visite des malades à domicile.

» La première directrice de l'école fut Angélique Bertrand, en religion Sœur Agnès, née à Saint-Bausille (Hérault). Sa nomination est du 3 octobre 1854. Elle demeura ici trop peu de temps, au grand regret de la population. Plusieurs religieuses d'un dévouement égal au sien lui succédèrent.

» La dernière fut sœur Théophane, née Marie-Mélanie Vénard, sœur du vénérable Théophane Vénard, martyrisé au Tonkin le 2 février 1861. Elle était de St-Loup, au diocèse de Poitiers. » Elle fut le bon ange de la paroisse. Le Cardinal Pie, qui avait fait l'éloge ému du frère martyr, aurait pu lui appliquer ce qu'il disait, dans son panégyrique de sainte Germaine, en parlant des fruits heureux que produit le ministère d'une sainte religieuse dans une paroisse : « La paroisse ne tarde pas à prendre une physionomie nouvelle. Depuis que la pieuse sœur y a planté sa houlette, les brebis autrefois vagabondes, maintenant serrées autour d'elle, ne sont plus la proie du loup, et on ne les surprend plus à s'égarer dans les pâturages défendus. En retour, le temple est fréquenté, les instructions du pasteur sont écoutées et comprises, les sacrements sont en honneur, l'image de Marie est entourée de fleurs et de prières. »

La sœur Théophane arriva à Morcourt six ans après le glorieux martyre de son frère au Tonkin. « C'est là que, pendant dix-neuf ans, dit M. Haclin, elle se livra sans ménagement à l'instruction des filles de la paroisse.» Sous la pieuse et prudente direction du curé de Morcourt, elle se sanctifie dans la pratique de toutes les vertus. Pour l'encourager, elle a sans cesse présente à la mémoire la sublime lettre que son glorieux frère lui écrivait datée : « En cage au Tonkin, 20 janvier 1861. » Nous ne résistons point au plaisir de la citer, elle est devenue classique. Les sentiments du frère nous révéleront les pensées qui animaient et dirigeaient l'âme de la sœur dans ses travaux apostoliques.

« Chère Sœur,

» J'ai écrit, il y a quelques jours, une lettre commune à toute la famille, dans laquelle je donne plusieurs détails sur ma prise et mon interrogatoire ; cette lettre est déjà partie et, j'espère, vous parviendra. Maintenant que mon dernier jour approche, je veux t'adresser, à toi, chère sœur et amie, quelques lignes d'un adieu spécial ; car, tu le sais, nos deux cœurs se sont compris et aimés dès l'enfance. Tu n'as point eu de secret pour ton Théophane, ni moi pour ma Mélanie. Quand, écolier, je quittais, chaque année, le foyer paternel pour le collège, c'est toi qui préparais mon trousseau et adoucissais par tes tendres paroles la tristesse des adieux ; toi qui partageais plus tard mes joies si suaves de séminariste ; toi qui as secondé par tes ferventes prières ma vocation de missionnaire. C'est avec toi, chère Mélanie, que j'ai passé cette nuit du 26 février 1851, qui était notre dernière entrevue sur la terre, dans des entretiens si sympathiques, si doux, si saints, comme ceux de saint Benoît avec sa sainte sœur. Et, quand j'ai eu franchi les mers pour arroser de mes sueurs et de mon sang le sol annamite, tes lettres, aimables messagères, m'ont suivi régulièrement pour me consoler, m'encourager, me fortifier. Il est donc juste que ton frère, à cette heure suprême qui précède son immolation, se souvienne de toi, chère sœur, et t'envoie un dernier souvenir.

» Il est près de minuit ; autour de ma cage de bois sont des lances et de longs sabres. Dans un coin de la salle un groupe de soldats jouent aux cartes, un autre groupe joue aux dés. De temps en temps, les sentinelles frappent sur le tam-tam et le tambour des veilles de la nuit. A deux mètres de moi, une lampe projette sa lumière vacillante sur ma feuille de papier chinois, et me permet de te tracer ces lignes. J'attends, de jour en jour, ma sentence. Peut-être demain je vais être conduit à la mort. Heureuse mort, n'est-ce pas ? Mort désirée qui conduit à la vie !... Selon toutes les probabilités, j'aurai la tête tranchée : ignominie glorieuse dont le ciel sera le prix ! A cette nouvelle, chère sœur, tu pleureras, mais de bonheur. Vois donc ton frère, l'auréole des martyrs couronnant sa tête, la palme des triomphateurs se dressant dans sa main ! Encore un peu, et mon âme quittera la terre, finira son exil, terminera son combat. Je monte au ciel, je touche la patrie, je remporte la victoire. Je vais entrer dans ce séjour des élus, voir des beautés que l'œil de l'homme n'a jamais vues, entendre des harmonies que l'oreille n'a jamais entendues, jouir de joies que le cœur n'a jamais goûtées. Mais, auparavant, il faut que le grain de froment soit moulu, que la grappe de raisin soit pressée. Serai-je un pain, un vin selon le goût du Père de famille ? Je l'espère de la grâce du Sauveur, de la protection de sa Mère Immaculée : et c'est pourquoi, bien qu'encore dans l'arène, j'ose entonner le chant de triomphe, comme si j'étais déjà couronné vainqueur.

» Et toi, chère sœur, je te laisse dans le champ des vertus et des bonnes œuvres. Moissonne de nombreux mérites pour la même vie éternelle qui nous attend tous deux. Moissonne la foi, l'espérance, la charité, la patience, la douceur, la persévérance, une sainte mort !... [1] »

C'est sous l'influence de cette lettre, que M. Augustin Cauchin appelait, au congrès de Maline en 1863 : « une des plus belles pages des martyrs au XIXe siècle [2] », que la sœur Théophane avait moissonné toutes les vertus, grâce aussi à la douce et énergique direction de M. l'abbé Haclin, « lorsque, nous dit ce dernier, au commencement des vacances de 1886, elle se sentit atteinte d'un mal qui devait la conduire au tombeau. La nouvelle, par suite d'une regrettable indiscrétion, s'en répandit bientôt dans le pays, et y fait naître des alarmes. La majorité des habitants, à l'exception de quelques personnes imbues d'une certaine idée politique, craignirent de voir sœur Théophane dans l'impossibilité de remplir plus longtemps ses fonctions. La maladie,

---

1. *Vie et Correspondance de Théophane Vénard*, p. 326.

2. Discours sur le progrès des sciences et des arts au point de vue religieux.

en effet, s'aggrava de plus en plus. Elle dut quitter Morcourt pour aller à Amiens chez les sœurs de l'Espérance, où elle mourut le 8 octobre suivant. »

⊕

« Cette bonne sœur allait recueillir au ciel le fruit des conseils de son glorieux frère Théophane. Ces conseils avaient pour but de la conduire à la perfection, à laquelle elle aspirait de tous ses vœux. Et, durant sa maladie, elle dut relire plus d'une fois la lettre qu'il lui écrivait en 1852 du Séminaire des Missions étrangères de Paris. Depuis le départ de son frère, Mélanie, toujours souffrante, fut atteinte d'une manière plus grave quelques semaines seulement après la séparation. Puis on expédia à Paris la nouvelle d'un complet rétablissement, et alors le pieux Théophane écrivit à sa sœur ces considérations sur le profit que l'on peut tirer de la maladie : « Je suis bien aise que tu aies été malade et que la maladie n'ait pas eu de suites fâcheuses. Je m'empresse de te donner la raison de la première partie de ma phrase qui pourrait t'épouvanter. Je te trouvais trop en santé et l'excès est partout nuisible. Tu avais du superflu, cela sied bien vraiment à quelqu'un qui désire faire abnégation de toutes choses. Et puis, tu as eu l'occasion de souffrir quelque chose pour l'amour de JÉSUS-CHRIST. Oh ! tu auras bien compris l'avantage de ta position. Les souffrances, tu le sais bien, sont la monnaie dont on achète le ciel. Sous ce rapport, tu en es au commencement de la fortune. Pour moi, je n'ai pas le sou, selon le dicton populaire : je suis gueux, à proprement parler, comme un rat d'église. Mais... aller en Californie !... Tu vois donc que mon raisonnement n'est pas trop contraire à la charité fraternelle. D'ailleurs, tu sais bien que je t'aime... »

Et cependant, le glorieux frère avait trouvé les riches mines de la Californie, qui l'enrichissaient à jamais pour le ciel, dans les prisons du Tonkin et sous la hache du bourreau ; et la sœur dévouée, religieuse accomplie, laissée par son frère dans le champ des vertus et des bonnes œuvres, avait moissonné de nombreux mérites pour la même vie éternelle qui les attendait tous deux. Et, suivant la recommandation de ce frère bien-aimé, sœur Théophane avait moissonné, sous l'habile direction de M. Haclin, « la foi, l'espérance, la charité, la patience, la douceur, la persévérance, une sainte mort. »

C'est qu'en effet le zélé curé de Morcourt apportait un soin tout particulier à la direction de ses religieuses. Il veillait sur elles comme un père sur ses enfants ; la santé de l'âme et la santé du corps lui étaient également chères, il savait que l'une ne peut guère aller sans l'autre.

A l'occasion de la maladie d'une religieuse, directrice des classes, la Supérieure des sœurs d'Amiens
lui écrivait en 1867 : « Quelle n'est pas notre reconnaissance, Monsieur le Curé, envers les habitants
de Morcourt, et surtout à l'endroit de leur bienfaisant pasteur, pour tous les soins dont ils n'ont cessé
d'entourer notre pauvre malade ! J'ai vu par moi-
même que, pendant cette épreuve, vous avez été un
père, non seulement pour les sœurs de Morcourt,
mais même pour celles des miennes que j'ai envoyées
au secours de la malade. C'est donc de ma part un
double remerciement que je vous dois, Monsieur le
Curé. »

La direction des classes n'attirait pas moins
l'attention de son zèle. Il veillait à ce que tout s'y
passât dans le plus grand ordre, et avec le plus
grand respect pour les autorités établies. S'il était
très bon et plein de prévenance pour celles qui
étaient sous sa direction, il exigeait d'elles la défé-
rence qui était due à son saint ministère, et au
respect des droits dont il était investi. C'est ainsi
qu'en 1860, sans doute par un malentendu regrettable, une directrice de classe prenant possession
de son poste ne vint pas lui rendre visite. Las
d'attendre cette démarche, tout au moins de simple
politesse pour une religieuse, il écrivit à l'Inspecteur
d'académie pour faire respecter les droits que la loi

conférait alors au curé ; il en reçut la réponse suivante tout empreinte de bienveillance : « Monsieur le Curé, j'aime à croire qu'il y a eu malentendu ou oubli involontaire de la part de la sœur religieuse qui s'est installée dans votre commune sans vous faire visite préalablement, et j'espère que depuis cette omission aura été réparée.

» Si les relations étaient encore tendues, vous feriez bien de m'en informer, et j'interviendrais avec beaucoup de prudence. »

On s'étonnera peut-être de la rigueur apparente de ce procédé, étant donné le caractère si conciliant et si charitable de M. l'abbé Haclin : ce serait cependant mal le connaître. Il était avant tout l'homme de principe, que rien ne faisait céder, quand il croyait de son devoir d'agir. Le respect des droits de l'autorité était pour lui chose sacrée.

Le soin qu'il prenait de la direction des classes était continuel. Chaque mois, il faisait lui-même l'inspection. Nous avons sous les yeux un tableau très ingénieux reproduisant les places obtenues par les enfants dans les différentes compositions qu'il leur faisait faire. Les matières étaient les suivantes : lecture, récitation, écriture, orthographe, analyse grammaticale, arithmétique, géographie, histoire.

On le voit, le Curé de Morcourt veillait à la bonne tenue de son école et à l'avancement des élèves.

Mais, s'il pensait à l'instruction des jeunes filles, il n'oubliait pas non plus leur formation pratique. Dans ce que l'on réclame avant tout d'une bonne ménagère, c'est, outre le bon entretien de son ménage, de savoir coudre, raccommoder le linge de la maison, et tricoter les chaussettes de toute la famille. Ce point de détail dans la formation, qui n'est pas sans importance dans la vie pratique, M. l'abbé Haclin, avec le bon sens qui le caractérisait, sut fort bien le mettre en relief dans l'éducation donnée aux enfants. Il établit une classe de couture par semaine, et tous les mois on faisait une composition de couture et de tricotage. Il allait lui-même relever les points obtenus.

Sa présence et ses conseils encourageaient continuellement les élèves, et par là il savait tenir les bonnes volontés en haleine. Il n'était point cet éteignoir dont on s'est plu à afflubler la robe du prêtre, mais bien cette flamme ardente qui alimentait tout, éclairait tout, réchauffait tout.

Mais, hélas! ce zèle à répandre la lumière et à faire le bien devait être un jour entravé. « Il s'est opéré en ce siècle, dit fort judicieusement Mgr Péchenard[1], un grave et regrettable déplacement d'autorité dans la surveillance des écoles populaires publiques.

_____

1. *Un siècle.* p. 315.

Pendant longtemps elles avaient été soumises à une triple influence, celle des pères de famille, représentée par l'autorité communale, celle de l'Église, et, dans un moindre degré, celle de l'État. L'influence de la famille, qui est de droit naturel, et celle de l'Église, qui découle de son mandat divin, étaient restées prépondérantes dans la plupart des nations chrétiennes ; mais à notre époque, à mesure que s'est développée l'idée de la centralisation administrative, elles ont perdu graduellement du terrain au profit de l'influence de l'État. » Aussi, les dangereuses tendances que M. l'abbé Haclin constatait dans l'éducation officielle, lorsqu'il écrivait : « Qu'il était notoire que les instituteurs laïcs, pourvus d'un brevet de capacité qu'ils tiennent exclusivement de l'Université, nommés par elle sous la fiction du préfet surveillé par ses inspecteurs, aspiraient naturellement à une complète indépendance de toute autorité religieuse et municipale » ; le retour offensif des doctrines naturalistes ou payennes contre l'enseignement chrétien ; la pression exercée par les sectes occultes ; l'action exagérée des pouvoirs publics ; la restriction graduelle apportée aux droits des pères de famille, et surtout l'exclusion systématique de la religion et de ses ministres des écoles publiques, devaient fatalement aboutir à l'exclusion du personnel religieux dans les écoles publiques, et au moment où nous écrivons, même dans les écoles libres.

La paroisse de Morcourt qui, grâce à son curé, avait été une des premières à bénéficier de la loi de 1850 sur la liberté d'enseignement, allait aussi avoir le triste honneur de tomber une des premières sous les coups de cette loi néfaste qui était en préparation contre la liberté d'enseignement. La mort de la sœur Théophane avait laissé le poste de Morcourt vacant. Mais, malgré l'esprit d'hostilité contre les communautés religieuses qui se manifestait en maintes circonstances, malgré la menace d'une loi qui devait exclure dans le laps de cinq ans tous les congréganistes des écoles publiques, malgré l'insuffisance des ressources pécuniaires, M. l'abbé Haclin fit tous ses efforts pour obtenir de la congrégation de Bordeaux une nouvelle directrice de classe. Ses instances répétées ne parvinrent pas à déterminer la Supérieure générale, et à la faire revenir sur la décision qu'elle avait prise d'abandonner le poste de Morcourt. « Elle m'informa, écrit M. Haclin, qu'elle avait écrit à M. le Préfet pour lui dire d'envoyer à la place des sœurs une institutrice à son choix. Ainsi, conclut-il tristement, après trente-deux ans d'existence, l'établissement placé sous la direction des sœurs de l'Immaculée Conception a été laïcisé ; il n'y a plus de religieuses, ni pour les enfants, ni pour les malades. » C'est bien ici le cri du pasteur frappé au cœur.

CHAPITRE XVI

ÉTABLISSEMENT D'UN BUREAU DE BIENFAISANCE.

L'Homme vit aussi de pain. — Noblesse de la Pauvreté. — Toujours des pauvres. — Misereor super turbam. — Charité de la France au XIXᵉ siècle. — Formes diverses de cette charité. — Rôle du petit curé français. — Un exemple parfait : le Curé de Morcourt. — Organisation du Bureau de Bienfaisance. — Institution sociale. Souffle évangélique. — Bienfait d'ordre moral et religieux. — Jules Simon. — Ordonnateur. — Jour de Bataille. Organisation d'une lingerie. — Charité organisée. — Approbation générale. — Popularité du prêtre qui se donne. — Ses ennemis. — L'heure d'épreuve. — Un ressort à la place d'un cœur. — Réparation. — Dernier acte de charité.

CHAPITRE XVI

ÉTABLISSEMENT D'UN BUREAU
DE BIENFAISANCE.

L'HOMME n'est pas seulement esprit, il est aussi matière ; il a un corps infirme et misérable, et, s'il est permis de prendre la contre-partie de cette parole du divin Maître, on peut dire que « l'homme ne vit pas seulement de toute parole tombée de la bouche de DIEU, » mais il vit aussi de pain ; il lui faut des vêtements pour protéger ses membres contre la rigueur des saisons, du feu pour les réchauffer, un asile pour les mettre à l'abri, des remèdes pour les guérir, en un mot, il a des besoins matériels dont le bon Pasteur doit se préoccuper. Représentant de DIEU au milieu de son troupeau, il doit être la Providence des pauvres, des faibles, des infirmes, des malades, des malheureux, de tous ceux enfin qui ne peuvent pas se suffire à eux-mêmes.

Tel fut le pieux et charitable Curé de Morcourt. Il se souvenait que les discours du Sauveur au bord du lac de Génésareth, ou sur la montagne, étaient suivis de la multiplication des pains ; après avoir nourri leurs âmes, il nourrissait leurs corps. Ainsi faisait le bon Curé : quand il avait distribué le pain de la vérité, il distribuait celui de l'aumône, et passait sa vie dans l'exercice de la charité. A ses yeux, les pauvres étaient nobles et de la plus haute noblesse ; il voyait en eux JÉSUS-CHRIST, ayant sans cesse présente à l'esprit cette parole : « Tout ce que vous ferez à ces plus petits d'entre mes frères, c'est à moi-même que vous le ferez [1]. »

Et lorsque le divin Maître a dit : « Vous avez toujours des pauvres avec vous [2], » il n'a point prononcé une parole vaine et indifférente. Cette parole contient au contraire une vérité économique profonde, dont l'étude attentive des faits ne démontre que trop la réalité.

Les causes de misères sont en effet multiples et aucune ne paraît susceptible d'un remède absolu. Mais si le divin Maître affirme la réalité du fait de la pauvreté dans le monde, il n'a pas voulu dire qu'il ne fallût pas chercher à diminuer le plus possible cette pauvreté. Bien au contraire, son *misereor super turbam* n'était-il pas un cri de pitié dont l'écho a retenti dans toute sa doctrine et toute sa vie ?

1. Saint Matth., XXV, 40.
2. Id., XXVI, 2.

Un Curé Picard.

Les souffrances humaines avaient le don d'émouvoir son Cœur et de lui faire verser des larmes. Rien de plus humain que le Cœur de ce divin Sauveur pour la pauvreté et la misère. Oh ! c'est bien de ce Cœur qu'est sortie la charité chrétienne. Aussi, comme le disait M. Haclin [1] : « L'Église, dans tous les temps, a pris soin des malheureux. C'est sa mission ; on peut en entraver l'exercice, mais la lui ôter, jamais ! A l'exemple du divin pasteur, elle appelle, elle recherche, pour les soulager, tous ceux qui sont accablés sous le poids de leurs souffrances et de leurs misères. Rien ne l'arrête, ni ne la rebute, ni les sacrifices à faire, ni les dangers à courir, ni l'ingratitude à essuyer. Donner et donner toujours, voilà sa vie. »

Cette charité de l'Église fut la charité de la France au XIXe siècle. On ne saurait jamais trop le redire : Que ce sera sa grande charité, et son grand esprit de justice qui sauvera la France, et nous le redisons avec d'autant plus d'à-propos que c'était un des grands thèmes de conversation de M. Haclin : « Non, s'écriait-il souvent, en considérant les ruines qui nous enveloppent, un pays si charitable que la

----

1. *Notice sur Morcourt*, p. 63.

France ne saurait périr, le XIXe siècle aura été, pour l'Église de France, celui d'une grande charité. Il n'a pas seulement beaucoup aimé JÉSUS-CHRIST et sa Mère ; il a beaucoup aimé le prochain, le pauvre. » Ce sera incontestablement un des caractères de ce siècle, et un de ses plus glorieux, plus marqué sur lui, peut-être, que sur aucun des précédents siècles de notre histoire, qui avaient, eux, la charité organisée, mais que la Révolution a complètement détruite.

Ce fut alors, dans l'épuisement de toutes les ressources d'un régime fini, l'avènement soudain d'une charité nouvelle, charité privée au lieu de la charité officielle et publique, « charité associée au lieu de la charité individuelle, charité organisée au lieu de la charité éparse et spontanée, charité fraternelle, faite au peuple par le peuple, faite au pauvre par le riche devenu peuple aujourd'hui. Telles sont les formes diverses sous lesquelles nous apparaît la charité catholique, semant ses miracles sur notre terre de France au XIXe siècle [1]. »

Cependant, nous nous rendons très bien compte que la charité privée, aussi bien organisée soit-elle,

1. Cte d'Haussonville. *Un siècle.*

n'est pas suffisante, et qu'à des causes de misère permanente, l'État ou, pour nous servir d'une expression infiniment plus juste, la Société, a le devoir d'opposer des remèdes permanents et de compléter, par son intervention, l'action de la charité privée là où cette action est absente ou insuffisante. Mais supprimer cette charité là où elle est organisée, ce serait faire une lourde et irréparable faute. Et c'est ici qu'apparaît le rôle si efficace et si salutaire du petit curé français dans l'organisation de la charité privée et publique dans nos campagnes.

Le Curé de Morcourt nous en offre un exemple parfait, et il nous montre combien il avait eu le sens juste des choses, lorsque, parlant de l'établissement d'un bureau de bienfaisance dans sa paroisse, donnant la raison de ce rôle charitable et social du Curé, il écrivait : « Si le Curé dans sa paroisse est le pasteur des âmes, il est aussi l'avocat et le père des pauvres. Donner, donner toujours, voilà sa vie [1]. »

« Les Curés de Morcourt se sont fidèlement acquittés de cette obligation ; ils ont eu, selon la parole du prophète, *l'intelligence du pauvre et de l'indigent*. Quand leurs aumônes étaient insuffisantes, ils n'hésitaient pas à solliciter la charité

[1]. *Notice sur Morcourt*, p. 63.

privée, à provoquer des souscriptions générales, et quelquefois à s'adresser à la bienveillance du conseil municipal. Par ces divers moyens, ils sont venus à bout de parer aux nécessités présentes [1]. »

Mais M. Haclin sentait bien que, pour que ces élans de charité fussent durables, il fallait qu'ils s'appuyassent sur une commission administrative qui centraliserait tous ces dons et les administrerait. Légalement les bureux de bienfaisance avaient droit d'existence, ils étaient même protégés par la loi. Mais il fallait les créer ; et bien souvent, pour ne pas dire toujours, comme le prouve l'exemple de la création du bureau de Morcourt, ils naissaient de la charité privée déjà organisée par le Curé, pour donner plus de force et de durée à cette dernière. C'est ce qu'avait compris M. l'abbé Haclin, en poussant M. le Maire de Morcourt à faire nommer une commission administrative pour les pauvres. De là date la fondation réelle du bureau de bienfaisance de Morcourt.

Le procès-verbal de la première réunion de ce bureau donne bien la note juste et la raison d'être de sa création, le 6 décembre 1853 ; M. le

1. Loc. cit., p. 64.

Maire [1], après avoir fait l'historique de la fondation de ce bureau, indiqué les raisons qui avaient déterminé cette fondation, et s'être excusé de son inaction vaincue, — le vainqueur était le curé, — s'exprimait ainsi : « Les circonstances impérieuses au milieu desquelles nous nous trouvons, la cherté des grains, la rareté du travail, l'inoccupation même de plusieurs ouvriers, la misère toujours croissante de quelques familles déjà sujettes à des besoins dans des temps moins malheureux : tout autant de motifs, en un mot, qui m'ont déterminé à faire choix de vos personnes pour partager ma sollicitude à l'égard des indigents. »

✛

L'assistance publique ainsi établie devient une institution sociale, elle fait œuvre de charité, nul n'en doute ; mais elle fait surtout œuvre de salut public en distribuant des subsides aux indigents que la misère ou la paresse poussent à la mendicité et quelquefois aux pires excès.

Mais pour que la charité publique ne devienne pas bureaucratique et qu'elle ne soit pas exercée par des personnes étrangères à l'esprit charitable, il faut qu'elle soit animée du souffle évangélique, réchauffée par l'amour du Sauveur du monde. Et suivant la belle parole de Jules Simon : « Le bureau de bienfaisance doit être plus qu'une charité, il doit

---

1. M. Hippolyte Roger.

être un apostolat. » Et c'est bien de cet esprit que devait être animé le bureau de bienfaisance de Morcourt. Celui qui sera choisi le premier par l'administration civile, ce sera le bon Curé de Morcourt. Il était juste que l'initiateur de ce mouvement de charité continuât d'en être l'âme. M. le Maire s'en exprime ainsi : « Si quelqu'un, Messieurs, doit être appelé à donner des renseignements sur les pauvres de cette commune, c'est bien celui à qui ils s'adressent si souvent, dont il est par mission le protecteur et le père, et qu'il soulage constamment selon ses ressources. Je vous ai désigné M. le Curé dont le nom figure en tête de cette liste. Ce choix de Monsieur le Préfet ne vous surprendra pas, Messieurs, et ne surprendra personne. »

C'était donc un véritable bienfait d'ordre moral et religieux que de voir le Curé à la tête du Bureau de Bienfaisance car, s'il était à même de faire connaître les misères physiques, il était plus apte encore à soulager les misères morales, et à jeter dans les cœurs fatigués, ulcérés, la résignation et les suprêmes espérances.

Et ceci n'avait pas échappé à la sagesse humaine de Jules Simon, lorsqu'il écrivait : « C'est une action virile que d'aller sous le toit du pauvre porter la science de la vie, ranimer le courage, donner un outil, de l'ouvrage, de la fierté, de la sécurité. Mais si l'on pouvait, si l'on osait à cette âme endormie parler des vérités éternelles et de la solide espérance, le bienfait ne serait plus une pierre que l'on jette dans l'abîme, qui fait un grand bruit, et un certain mouvement d'une seconde, suivi d'une éternelle immobilité. Nous craignons seulement qu'il n'y ait plus d'apôtres, » dit en finissant le philosophe. Le philosophe se trompait, car il n'avait pas vu à l'œuvre le prêtre catholique, le dévoué petit curé de campagne animant tout de son souffle apostolique par sa présence et son action, il n'avait sûrement pas vu à l'œuvre le zélé M. Haclin, il n'avait pas entendu son maire en faire l'éloge officiellement. Il eût alors été heureux d'entendre le président du Bureau de Bienfaisance de Morcourt, le jour de son installation, définir le Bureau de Bienfaisance : « Une commission nommée par le Préfet pour veiller au soulagement des malheureux. Chaque membre doit par conséquent chercher à les connaître, s'intéresser à leur sort, écouter leurs justes réclamations et faire part à ses co-associés des besoins qu'il a découverts. Il est l'avocat du pauvre, il plaide sa cause sans partialité. » Ne dirait-on pas un membre d'une société de Saint-Vincent de Paul définissant le but de sa société ? Ah ! c'est que l'esprit qui anime cette société est le même qui fait agir les membres du Bureau de Bienfaisance de Morcourt. C'est l'esprit apostolique, c'est l'esprit du CHRIST-JÉSUS. Ce n'est plus seulement la charité privée qui agit, c'est la charité publique, légale, organisée sous le souffle surnaturel du prêtre de JÉSUS-CHRIST.

« De là, continue le Président, la nécessité d'élire un secrétaire chargé de recueillir les renseignements et d'inscrire nos délibérations sur un registre spécial. Vous aurez de plus à choisir un ordonnateur et un trésorier, un ordonnateur pour délivrer des bons aux pauvres, selon la décision du Bureau, un trésorier pour recevoir les aumônes et les dons particuliers, comme aussi pour payer les dettes. »

Ce sont là des fonctions toujours très délicates dans l'administration d'un Bureau de Bienfaisance, surtout celles d'ordonnateur et de trésorier : rechercher les misères, et recueillir les dons, il faut pour cela la délicatesse et le dévouement d'un père, et voilà pourquoi M. le Curé de Morcourt est choisi pour ces deux fonctions. On sait du reste qu'il se fera volontiers quêteur. Il ira lui-même à domicile pendant les quatre premiers mois de l'année, car c'est le moment de la plus grande misère, recueillir les premiers fonds pour l'établissement du Bureau de Bienfaisance.

Du reste, l'organisation de ces secours est fort sagement ordonnée. Les secours distribués sont en nature. On tient compte dans la distribution : 1º du nombre de personnes dont se composent les diverses familles ; 2º de leur âge ; 3º de leurs besoins respectifs ; 4º du produit de leur travail.

Les bons seront portés au domicile des pauvres qui auront été admis à l'assistance. Pour éviter le mauvais usage de ces bons, ils seront distribués à chaque famille indigente au commencement de la semaine et non le dimanche. C'est d'une grande prévoyance, et on peut dire de la prévoyance d'un père. M. le Maire ne s'était donc pas trompé, lorsqu'il avait dit de M. l'abbé Haclin : « Qu'il était par mission le père des pauvres. »

Mais, comme le disait un jour Fénelon : « La charité catholique a ses jours de bataille. » Ce sont les temps d'épidémie, de peste, de guerre, de fléaux, de calamités publiques. Alors sans hésiter, sans compter, elle prodigue sa vie comme une mère.

M. l'abbé Haclin, digne représentant de cette charité catholique dans sa paroisse, eut aussi « ses jours de bataille ». Sentinelle vigilante, il veille à tout ; pasteur dévoué, il connaît les maladies, les épidémies qui déciment son troupeau. Il saura sans hésiter, sans compter, y porter remède. Nous le voyons, le 25 décembre 1855, jour de Noël, plaider chaleureusement à l'église, auprès de ses paroissiens, la cause des pauvres décimés par l'épidémie qui règne dans le village. Oh ! c'était une pensée assurément heureuse que de choisir le jour de la naissance du divin pauvre en ce monde, pour parler en faveur des pauvres, ses frères de la terre. Le succès dépassa ses espérances. Aussi, sur ses instances, aussitôt après Vêpres, le président du Bureau de Bienfaisance réunit tous les membres pour délibérer sur l'emploi de la somme recueillie.

La séance ouverte, M. le Curé émet son avis en ces termes ; on sent le cœur du prêtre qui parle : « Messieurs, nous avons donc accepté la noble mission de pourvoir aux besoins des pauvres de cette commune, nous avons fait plus, car les indigents nous ont vus à l'œuvre, et la postérité redira les sacrifices que nous nous sommes imposés pendant l'année qui va bientôt finir. Nos ressources ne sont pas encore épuisées, il nous reste cinquante francs ; mais qu'est-ce pour parer à toutes les exigences de la misère actuelle ? Nous n'avons pas seulement à donner du pain à ceux qui ont faim ; des vêtements et du linge à ceux qui en sont dépourvus, un besoin plus impérieux se fait sentir. L'épidémie sévit au milieu de nous depuis près de trois mois, et ce sont les pauvres qui sont les plus affligés. Plusieurs malades sont dans une position extrême, sans linge, ni pour en changer, ni pour panser leurs plaies. Les laisser dans cette indigence, c'est retarder leur guérison, et peut-être aggraver leur maladie.

» Je demande donc que les cinquante francs soient employés en achat de linge pour les malades de la commune. »

Vraiment, ne croirait-on pas entendre saint Vincent de Paul plaidant la cause de ses pauvres orphelins? — « Mais cette nécessité passée, ajoute-t-il, une autre pourrait survenir, et il serait utile d'étendre notre prévoyance aux besoins futurs. Afin que la dépense que je vous propose de faire serve à toutes les éventualités, au lieu de donner le linge aux malades, on pourrait le leur prêter seulement, de sorte qu'on fût obligé de le rendre après la guérison ou le décès du malade. Il me paraît facile et urgent de créer cette œuvre ici. » Voilà bien l'esprit d'organisation et de prévoyance qui animait *le Père des pauvres*, lorsqu'il organisait ses aumônes à Châtillon en pareille occurrence.

Mais ce sera ici plus qu'une charité organisée, ce sera une charité *solidarisée*, dans le sens le plus large et le plus chrétien, que nous retrouverons du reste plus tard établie sur une plus vaste échelle. Le bon Curé n'emploie pas le mot qui est plus moderne, mais, ce qui est mieux, il fait la chose, qui est aussi ancienne que le christianisme ; car c'est

bien l'application du précepte du divin Maître :
« Aimez-vous, aidez-vous les uns les autres, car vous
êtes tous frères [1]. »

Et, de fait, dit M. Haclin, « le linge sera confectionné, aux frais du Bureau de Bienfaisance, par les
filles qui fréquentent l'école. » C'étaient des ouvrières
toutes trouvées, et qu'on initiait par là même, dès
leur jeunesse, aux œuvres de charité. Heureux
apprentissage !

« Ce linge sera déposé au couvent de l'Immaculée-
Conception, dont une religieuse est chargée de visiter les pauvres. » Oh ! c'est qu'à Morcourt, à l'heure
de la souffrance comme à l'heure de la mort, le
pauvre n'était jamais délaissé. La charité, qui ne
l'avait pas quitté durant sa vie, sera encore, au chevet de son agonie, sous la forme angélique d'une
sœur garde-malade qui lui amènera la visite du
médecin, la visite du prêtre, la visite de Dieu. Elle
sera là encore, même après sa mort, pour ensevelir
religieusement sa dépouille et lui réciter une dernière prière.

✠

Le discours du Curé de Morcourt fut écouté
avec un grand intérêt par MM. les membres du
Bureau de Bienfaisance, et tous applaudirent aux
généreuses idées émises. Immédiatement, on travailla à leur réalisation.

---

1. S. Jean, XV; 17.

La réunion du Bureau de Bienfaisance du 1er janvier 1856 nous donne un écho de la manière dont fut accueillie, par la population tout entière, ce projet de M. le Curé.

« Les membres du Bureau de Bienfaisance, dit le compte-rendu, se félicitent d'avoir accepté la proposition de M. le Curé. A peine a-t-elle été connue de la commune, qu'elle a reçu l'approbation universelle. L'indigent comprit encore mieux que par le passé l'intérêt que l'on portait à sa misère, et le riche sentit que l'on n'entendait point par là tarir la source de ses aumônes [1]. »

Les saints sont les véritables amis de l'humanité. Non contents de donner tout ce qu'ils possèdent, ils se donnent eux-mêmes. Ils aiment d'autant plus

---

1. Les dispositions qui règlent le prêt du linge sont très sagement ordonnées. Nous les donnons à titre de renseignements.

ARTICLE 1er. Le Bureau de Bienfaisance met, à partir de ce jour, du linge à la disposition des malades pauvres qui en seraient dépourvus. — Le linge est déposé au couvent de l'Immaculée-Conception.

ARTICLE 2e. La demande en sera faite au curé de la paroisse qui est et demeure chargé de constater les besoins.

ARTICLE 3e. Il sera délivré par la sœur Supérieure du couvent, sur un permis de M. le Curé, qui en désignera la nature.

ARTICLE 4e. Les personnes qui feront usage de ce linge se souviendront qu'il ne leur est point donné ; par conséquent, il devra être soigné, et n'être ni maculé, ni déchiré, ni changé de destination. Toute famille qui contreviendrait à cet article serait à l'avenir privée du secours du Bureau de Bienfaisance et obligée de rendre aussitôt le linge qu'on lui aurait prêté dans l'état même où il se trouverait, etc.

le prochain qu'ils aiment DIEU plus ardemment. La charité, c'est-à-dire, le double amour de DIEU et des hommes, la charité qui aime DIEU dans les hommes, et dans ceux-ci les âmes encore plus que les corps, voilà la vraie philanthropie. Voilà ce qui rend le prêtre si populaire et lui donne tant d'influence.

Les ennemis du christianisme le savent bien, et partout où ils réussissent à s'emparer du pouvoir, leur premier soin est de dépouiller l'Église, et de lui enlever le patrimoine des pauvres ; puis, comme ceux-ci continuent d'aller au prêtre qui voit le pain de la charité se multiplier miraculeusement entre ses mains, ils déclarent que la charité est une des mille formes du fanatisme, l'aumône une insulte à l'indigence, ils éloignent le prêtre le plus qu'ils peuvent des institutions de charité fondées par lui, des Bureaux de Bienfaisance. C'est ce qui arriva au Curé de Morcourt.

Jusqu'en 1885, nous voyons M. l'abbé Haclin, uni à ses collègues du Bureau de Bienfaisance, administrer le bien des pauvres, toujours avec le même dévouement. L'union la plus étroite avait toujours régné entre l'administration civile et l'administration religieuse. Mais, à cette époque, nous ne savons sous quelle influence fâcheuse, le Curé de Morcourt se vit rayer de la liste des membres du Bureau de Bienfaisance. Depuis trente-trois ans, soit comme élu, soit comme membre de droit, il remplissait les fonctions de secrétaire à titre gratuit, mais son mandat expirait le 31 décembre 1885 : il ne lui fut point renouvelé. C'était évidemment une erreur. Et le chroniqueur ajoute très judicieusement : « Quelle qu'en soit la raison, elle n'est certainement pas à l'avantage des indigents. » Car, suivant le mot bien vrai de Taine : « C'est rétrograder que de proscrire des services charitables, gratuits et religieux, ceux qui maintiennent encore ce qu'il y a d'honnêteté, de pudeur et de douceur dans l'humanité. »

Mais on se rendit vite compte de cette erreur, car bientôt on s'aperçut, suivant le mot d'un spirituel historien, « qu'à la place d'un cœur on avait mis un ressort. » L'administration, en effet, c'est un ressort ; la charité, c'est un cœur. Les pauvres le savent bien. Oui, la charité, c'est un cœur, et, chez M. l'abbé Haclin, c'était un cœur illuminé, réchauffé par la foi qui lui faisait considérer JÉSUS-CHRIST dans le pauvre.

Il ne rentre toutefois comme membre du Bureau de Bienfaisance qu'à la fin de décembre 1888, rappelé par le conseil municipal. Il y reprend ses fonctions, *toujours gratuites*, de secrétaire et d'ordonnateur, comme par le passé, jusqu'à la fin de sa vie ; et, quelques jours avant sa mort, alors déjà que ses forces s'affaiblissaient rapidement, il fera encore lui-même des bons aux pauvres.

Le tableau, tracé par le vieil historien [1] de saint Pierre Fourier dans la distribution de ses charités aux pauvres, peint admirablement et d'une manière frappante, ce qui se passait chez M. l'abbé Haclin, quand il faisait la distribution de ses bons du Bureau de Bienfaisance qu'il avait créé pour cela. « On accourait de toute part, dit ce vieil historien, pour lui demander ce dont on avait besoin : celui-ci un peu d'argent pour avoir du beurre, celui-là pour avoir du lard, celui-ci pour avoir du lait et un autre pour acheter des souliers, d'autres encore pour d'autres objets, et jamais il ne refusait rien à personne. » C'est bien ce qui arrivait au presbytère de Morcourt ; plusieurs fois nous en avons été l'heureux témoin. En créant le Bureau de Bienfaisance, ce dévoué pasteur avait vu les biens de DIEU se multiplier entre ses mains, « afin que, suivant le vieux langage de l'historien du saint Curé de Mattaincourt, il eust de quoi contenter tous ceux qui se présentoient, sans en rebuter aucun. »

---

1. Bedel, p. 93.

Deux jours avant de rendre compte au bon DIEU de cette gestion du bien des pauvres, qu'il avait eu durant presque toute sa vie de curé à Morcourt, et qu'il avait si grandement contribué à établir et à augmenter, il priera M. le Maire de Morcourt de venir le trouver, pour lui remettre lui-même, entre ses mains, la gestion du Bureau de Bienfaisance.

Aussi, au jour de ses funérailles, M. le Maire lui rendra le solennel témoignage « que le Bureau de Bienfaisance perd en lui un administrateur intelligent et dévoué ! » Dans une autre circonstance, au jour de la fête de ses noces d'or, ce fut le même témoignage qui tomba des lèvres du Maire qui gouvernait alors la commune : « Vous avez puissamment aidé, lui dit-il, à la création du Bureau de Bienfaisance, qui est la providence des pauvres et des nécessiteux. »

DIEU aura certainement eu pour très agréable cet extrême souci du bien des pauvres, puisque, suivant la parole du divin Maître : « Ce que l'on fait au plus petit des siens, c'est à lui-même qu'on le fait, et qu'un verre d'eau donné en son nom ne restera pas sans récompense. » La récompense de M. Haclin sera grande !...

CHAPITRE XVII

JARDINS OUVRIERS. — ŒUVRES CHARITABLES

Idées ambiantes. — Nouvelles théories économiques et sociales. — Beau Rêve. — Réalisation. — Création des Jardins ouvriers. —
Moitié vie. — Œuvre de prêtre. — Régénération sociale. — Deus nobis hæc otia fecit.
— Paroles élogieuses de l'abbé Lemire. —
Le premier curé de France qui fonde des
Jardins ouvriers. — Largesse de vue et de
cœur. — Heureuse fierté. — Administration
spéciale de ces Jardins. — Mutualité sociale.
— Instaurare omnia in Christo. — Œuvre
d'assistance par le travail. — Conciliation
dans les procès.

CHAPITRE XVII

JARDINS OUVRIERS. — ŒUVRES CHARITABLES

DANS le chapitre précédent, en faisant l'historique du Bureau de Bienfaisance de Morcourt, nous avons négligé, à dessein, de parler de sa principale ressource : les jardins ouvriers. Nous avons pensé que cette œuvre était assez importante, et offrait un aspect assez particulier par elle-même pour mériter un chapitre spécial.

Jusqu'ici, en dehors des nécessités locales, nous ne nous sommes pas demandé sous quelle influence extérieure, plus directe, pouvait agir le bon Curé de Morcourt. Car tous, qui que nous soyons, nous ne pouvons échapper aux idées ambiantes ; or, ce sont les idées générales qui mènent et dirigent les idées particulières. Chaque époque a ses nécessités sociales qui s'imposent, et l'Eglise est merveilleuse d'adaptation et de souplesse à ce sujet, sa charité est ingénieuse, prompte et sûre.

Il est à remarquer que de nouvelles théories économiques et sociales venaient de faire leur avènement avec la révolution de 1848. Tandis qu'avec Louis Blanc, Cabet, Considérant, Proudhon, le Socialisme préconisait le droit au travail et les systèmes égalitaires renouvelés de Saint-Simon et de Fourrier, la charité catholique, descendant résolument, elle aussi, sur ce terrain de la question ouvrière et sociale, y apportait, non des rêves, mais des actes, en attendant qu'elle pût y faire arriver des lois.

Un nom résumait alors toutes ces aspirations, c'était le vicomte de Melun. Elu à l'Assemblée législative comme l'ami de l'ouvrier, il écrivait : « J'y serai le représentant des pauvres et des petits. »

L'abbé Lemire, aujourd'hui, en continue les nobles traditions, il y veut être en même temps le *représentant de l'ouvrier*. Il fait, avec le poète, le beau rêve de voir l'ouvrier jouir un jour paisiblement de sa maison et de son bon coin de terre insaisissable.

Ce beau rêve, qui tend de plus en plus à devenir une réalité par la création des jardins ouvriers, le dévoué Curé de Morcourt l'a presque entièrement réalisé, il y a cinquante ans. C'était pour lui comme une vision de l'idéal à atteindre. Dans la solitude de son presbytère, recueilli, il songeait souvent à l'ouvrier qui, sur son champ, s'arrête ainsi au bout du sillon qu'il vient de tracer. Appuyé sur sa bêche, il regarde lentement cette terre dont la bonne odeur le grise, et par delà les récoltes prochaines, il lui semble voir apparaître la maison ensoleillée qui sourit à ses espoirs, le petit nid familial bien clair et bien gai qui demeure toujours au fond de ses pensées... Et l'image devenait si attirante, et le rêve se précisait avec tant de netteté, que le bon Curé se laissa prendre à sa séduction et se décida à le réaliser.

Aussi, si M. Haclin ne put complètement dire avec le poète latin, en montrant son œuvre aux ouvriers : « Heureux ouvriers, vos champs vous les conserverez donc [1] », du moins il sut offrir aux ouvriers de fertiles jardinets, qui ne demandaient que le travail de leurs mains pour rapporter à leur nombreuse famille de plantureux légumes.

M. l'abbé Haclin sut trouver dans la législation le moyen d'être approuvé, soutenu, encouragé par la loi. Il comprit le merveilleux parti qu'il pouvait tirer pour cela du Bureau de Bienfaisance, et du même coup assurer son existence. Jusqu'ici, celui-ci ne fonctionnait qu'avec la charité privée, c'était

1. *Ergo tua rura manebunt.* Virg., 1ᵉ *Egl.*

insuffisant et aléatoire. Aussi, le prévoyant Curé écrit-il [1] : « Il était sage de se précautionner pour l'avenir. En prévision de besoins ultérieurs, et pour qu'il soit facile d'y répondre sans retard, sur l'initiative du curé, le conseil municipal a obtenu l'établissement d'un Bureau de Bienfaisance auquel il a abandonné la jouissance d'une faible portion de biens ruraux, à l'entrée du grand marais. A partir de la même époque, la commission a eu son budget de recettes et de dépenses officielles. »

Il faut reconnaître qu'ici encore le judicieux Curé de Morcourt avait eu le sens juste des choses. Il avait compris que la charité privée ne suffirait pas, et que la charité publique devenait nécessaire, qu'elle serait même un bienfait social. D'où la création d'un Bureau de Bienfaisance avec ses ressources nécessaires. Aussi, il fait appel à la commune, et établit son œuvre d'une façon légale et durable, puisqu'elle est approuvée des pouvoirs publics.

La réponse ne se fit pas attendre. Le 1er janvier 1856, il obtient de la commune, avec autorisation préfectorale, pour subvenir aux charges du Bureau de Bienfaisance : trois hectares, soixante-quinze ares, dix centiares de terrain mis en culture,

1. Notice sur Morcourt, p. 64.

situés sur le terroir de Morcourt, au lieu dit :
le Grand Marais. Ce terrain est divisé en soixante-
quatre portions contenant chacune cinq ares vingt-
sept centiares, à l'exception de la cinquante-qua-
trième qui est de huit ares, dix centiares, et la
cinquante-cinquième de trois ares, soixante-dix
centiares.

Comme on le voit, la division des terrains est
bien faite pour être utilisée en jardins ouvriers.
Cela se passait en 1856 !

Ce curé était un précurseur avisé, comme il le fut
du reste pour beaucoup de choses. Toute sa passion
était de faire le bien. Et qui oserait dire qu'il ne
faisait pas le bien en s'occupant du bonheur matériel de ses ouailles ? Pense-t-on que les ouvriers ne
lui surent pas gré de s'efforcer de mettre ainsi à leur
disposition le terrain qui leur était nécessaire pour
en tirer le meilleur profit possible ? Car rien n'aide
dans le ménage comme le petit jardinet, qui rap-
porte à la famille les bons légumes de chaque jour.
« C'est moitié vie », vous dira la ménagère. C'était
donc faire œuvre d'économie sociale.

Qui oserait soutenir que ce n'était pas là l'œuvre
du prêtre ? Sans doute ce n'est pas l'œuvre directe de
son ministère, mais on oublie trop que, sous l'empire

de la nécessité, le prêtre doit quelquefois exercer dans ces sortes d'œuvres un rôle actif pour le bien général, quoique ce ne soit toujours qu'à titre exceptionnel et transitoire, car lorsqu'il leur aura imprimé l'esprit chrétien, et qu'il aura trouvé des hommes capables de perpétuer cet esprit, il se fera un devoir de se décharger de la conduite de ces œuvres, pour aller à d'autres plus conformes à sa mission directe.

N'est-ce pas ainsi que, sous la pression des événements, les évêques, après l'invasion des barbares, ont exercé le pouvoir civil ? Ils en ont profité pour ramener le pouvoir à sa destination bienfaisante et normale, et dès qu'ils le purent, ils confièrent à d'autres ce pouvoir réorganisé, et surtout *christianisé*.

C'est ainsi que le sage Curé de Morcourt comprit et fit son œuvre de charité, de régénération sociale et d'apostolat ; car les œuvres sociales ainsi dirigées sont un acheminement vers le christianisme. « Mues par l'esprit chrétien ou par le dévouement à l'humanité, c'est d'elles que sortent les idées, les expériences, les exemples, l'esprit de sacrifice, le bienfait moral de la pitié ajouté au bienfait matériel [1]. » Il ne faut jamais oublier que tout se ramène pour l'homme à deux questions capitales : la question religieuse et la question économique.

---

1. M. Aynard, député. *Congrès international des jardins ouvriers.* Paris, 24-25 octobre 1903.

La question économique répond spécialement à la fin première de l'homme, et la question religieuse a spécialement pour objet la fin dernière. De même qu'on ne peut séparer les deux fins de l'homme, ni séparer l'âme du corps sans causer la mort, de même, on ne peut séparer la question religieuse de la question économique ; elles réagissent l'une sur l'autre, comme le corps sur l'âme. C'est ce qu'avait fort bien compris M. l'abbé Haclin : harmoniser son ministère avec la nature de l'homme, tel était son objectif. Sanctifier le matériel par le spirituel.

Cette vue si élevée et moralisatrice, M. Brunetière l'a fait admirablement ressortir dans son discours prononcé au Congrès des Jardins ouvriers, lorsqu'il disait en parlant de l'œuvre des Jardins ouvriers, « qu'elle a un aspect, un côté, une signification sentimentale et poétique ; une valeur, une portée économique et sociale ; une portée en quelque manière philosophique, symbolique et presque religieuse [1]. »

Pour Morcourt, la création de ces jardins ouvriers offrait encore un intérêt tout particulier. Une grande partie des ouvriers, en dehors de ceux employés aux travaux agricoles, travaillent chez eux sur des métiers de bonneterie. Les mettre à même de posséder un jardin, c'était leur assurer un agréable et

---

1. *Compte-rendu du Congrès des jardins ouvriers*, p. 208.

utile délassement. Tout homme aime son jardinet, il le cultive, le sème, l'arrose, le sarcle, le soigne de ses mains.

Et puis, comme il fait bon respirer à ses moments de repos l'air pur des champs, voir la récolte grandir, son propre travail fructifier ! C'est plus qu'un agréable délassement, c'est une véritable jouissance qui fait répéter avec le poète : « *O fortunatos nimium agricolas* [1]. Oh ! oui, vraiment trop heureux cultivateurs !» L'homme des champs sent moins toutes ces choses, mais l'ouvrier qui en est privé pendant les longues heures du jour qu'il passe enfermé, assis sur son métier, les sent et les comprend mieux, surtout quand il y trouve en même temps son profit. Et quand il peut ajouter : « Après tout, ce bonheur, c'est à mon bon curé que je le dois ! » n'a-t-il pas plus de raison que le berger de Virgile, de s'écrier : « *Deus nobis hæc otia fecit* [2]. Oui, c'est DIEU qui nous a donné tout cela. » Et il aime son curé, et il aime le bon DIEU. Les travaux et les fatigues sont bien récompensés. M. Haclin a certainement senti la répercussion de ce bonheur, son travail achevé, avec la reconnaissance de ses paroissiens.

M. l'abbé Lemire, après avoir lu le rapport qui lui fut envoyé sur les jardins ouvriers de Morcourt,

1. Virg., *Georg.*, liv. II.
2. 1re *Égl.*

disait au Congrès international de ces jardins, qui se tint à Paris le 24 et 25 octobre 1903, sous la présidence d'honneur de M. Beernaërt, ancien président du Conseil des ministres de Belgique, président actuel de la Chambre des députés, et les encouragements d'un grand nombre d'évêques : « Rapport très curieux sur les jardins du Bureau de Bienfaisance, fondés par M. le Curé de Morcourt en 1856, au profit des pauvres [1]. »

Il est une chose qui nous a aussi frappé, c'est que, sur les six mille quatre cent soixante-trois jardins ouvriers, dont l'enquête du Congrès international nous a révélé l'existence en France, les deux plus anciens groupes sont dans le département de la Somme. Le premier fondé à Fouilloy par la commune en 1848, sur la demande des indigents qui réclamèrent pour eux une part du marais communal [2], et le second fondé à Morcourt par le Bureau de Bienfaisance, sous l'inspiration du curé en 1856. M. l'abbé Haclin fut donc réellement un précurseur du mouvement de la création des jardins ouvriers. Il était un de ceux dont les travaux pour le bien des pauvres faisait faire à M. L. Rivière, rapporteur général du Congrès international des

---

1. *Compte-rendu du Congrès*, p. 310.
2. *Loc. cital.*, p. 308.

jardins ouvriers, cette judicieuse remarque : « Le plus souvent, au début, ces initiateurs ont été des prêtres, toujours en quête de moyens pour soulager les membres les plus déshérités de leur troupeau, et qui ont vu dans le jardin ouvrier un moyen efficace de multiplier l'aumône par le travail de l'assisté [1]. » Il ne serait peut-être pas téméraire de dire que M. l'abbé Haclin fut au *XIXe siècle le premier curé* qui inaugura officiellement les jardins ouvriers.

En effet, « l'intervention des établissements et des pouvoirs publics, dit fort bien M. Louis Rivière, en faveur des jardins ouvriers se manifeste une première fois à Fouilloy (Somme), au moment de la crise de 1848, puis à Morcourt, même département, en 1856, sur l'initiative de M. l'abbé Haclin, curé de la paroisse et fondateur du Bureau de Bienfaisance, dont les initiatives charitables sont mises en lumière avec un grand charme dans un travail qu'a bien voulu nous communiquer un de ses confrères et ami. »

« Et, observe encore fort judicieusement M. Louis Rivière, le Curé de Morcourt se montrait moins méticuleux et plus large de vue et de cœur que certains légistes qui ont cru devoir protester contre le principe même de cette assistance communale.

---

1. *Congr. intern. des jard. ouv.*, p. 45.

Ils ont rappelé que l'administration supérieure, en vue de restreindre la redoutable mainmorte, invite les Bureaux de Bienfaisance à aliéner les terres qui leur sont léguées, et même celles qu'ils possèdent de longue date ; que tous les habitants de la commune ont un droit égal à la jouissance des biens communaux, et que cette jouissance ne doit pas être réservée à une seule catégorie d'entre eux aussi intéressante qu'elle puisse être [1]. »

M. l'abbé Haclin pensa, au contraire, « qu'il incombe aux municipalités de pourvoir, à l'aide de subventions, aux insuffisances de ressources des établissements publics d'assistance. Il y a forcément des contribuables aisés qui supportent la charge des subventions, et des citoyens pauvres qui en bénéficient ; la situation est donc parfaitement inégale pour les uns et pour les autres, et toute mesure qui diminue les charges des premiers, en assurant économiquement les secours revenant aux seconds, devra être accueillie avec reconnaissance par les uns et les autres [2]. » C'est ce que comprit admirablement M. Haclin.

Aussi, on est heureux et fier, cinquante ans plus tard, de voir et d'entendre un congrès international assemblé à Paris, tel que celui des jardins ouvriers,

---

1. *Congr. intern. des jard. ouvr.*, p. 54.
2. *Congr. intern. des Jard. Ouvr.*, p. 55.

sous la présidence et le patronage d'hommes illustres et éminents de toutes les contrées de l'Europe, applaudir l'œuvre initiale de ce petit curé de campagne qui devait avoir tant d'imitateurs dans la suite. « Parce que, comme le disait fort éloquemment M. Beernaërt, si l'œuvre dont il s'agit est d'apparence modeste, elle est grande par son mobile et ses résultats. Et ce que nous voulons n'est pas chose quelconque.

» Nous voulons que la charité revête une forme plus fructueuse et en quelque sorte plus fraternelle par l'intime et étroite association du cœur qui donne et du bras qui doit faire fructifier ce don.

» Nous voulons consolider la famille, cette base à jamais nécessaire de toute organisation sociale, par le développement du travail agricole et de la petite propriété.

» Nous voulons que la bonne odeur de cette terre, qui est notre mère commune, vienne égayer, assainir, parfumer le ménage ouvrier[1]. »

Il est bon de remarquer que l'administration des jardins ouvriers de Morcourt n'est pas la même que celle des jardins ouvriers, en cours aujourd'hui. Jusqu'à un certain point, elle pourrait même servir de modèle à certains Bureaux de Bienfaisance qui se trouveraient dans des conditions similaires. Ici, les parts sont louées pour neuf années consécutives, et

---

1. *Congr. intern. des Jard. Ouvr.*, p. 265.

indistinctement à toute sorte de personnes *solvables ;* il n'y a pas d'autres cas d'exclusion.

Ces terrains ne sont pas exclusivement réservés à des jardins, mais dans leur état de morcellement on ne peut guère en faire autre chose. Ce qui a été voulu ainsi. Aussi, ce sont surtout les ouvriers qui en bénéficient, car le prix de la location n'est pas très élevé pour le jardinage : la mise à prix est fixée à un franc quatre-vingt-dix-sept centimes et demi par are, les enchères ne peuvent être au-dessous de douze centimes et demi par are, et il n'en est reçu que des personnes *solvables.* On verra plus loin la raison de cette exclusion, et du prix un peu plus élevé que celui des jardins ouvriers.

Les miséreux ne semblent donc pas pouvoir participer à cette location, car ils trouveront difficilement la caution requise. Mais c'est précisément ce genre de personnes qu'on a en vue, en faisant de ces biens ruraux un fermage en argent : c'est le titre donné au bail [1] par le Bureau de Bienfaisance qui répartira cet argent aux nécessiteux, en dons de toute nature, pain, viande, linge, chaussures, etc.

---

1. Nous donnons à titre de renseignements les sages dispositions du bail de ces jardins :

1° Les preneurs entreront en jouissance des parcelles en l'état où elles se trouvent, ils seront tenus de les cultiver, et de les amender trois fois pendant le cours du bail, pour les rendre à la fin en bon état de culture et d'engrais, sous peine de tous dommages et intérêts envers le Bureau de Bienfaisance.

2° Il leur est interdit de planter des arbres à haute tige, à moins de deux mètres de leurs limites respectives, et tout arbre qui aura plus de cinq ans de plantation, sera considéré comme apparte-

Il faut reconnaître qu'il n'est pas sans intérêt de constater la façon dont le prévoyant Curé de Morcourt avait compris son œuvre. Il en faisait une œuvre de charité sociale ; aujourd'hui on dirait de solidarité, mais peu importe le nom, et comme le disait fort spirituellement M. Aynard à la Chambre des députés : « Appelons-nous solidaires, mais soyons charitables. »

Les parts de terre louées et converties en jardins étaient surtout à la portée de l'ouvrier économe et travailleur. Tous en réalité peuvent y atteindre ; mais il faut compter avec les misères et la fragilité humaines.

Comme partout, il y avait bien à Morcourt des malades et des infirmes, comme partout, il y en avait bien quelques-uns qui jouissaient d'une misère méritée, et de laquelle ils ne se souciaient guère de

nant au Bureau de Bienfaisance et par conséquent les élagages lui reviendront de droit.

3° Défense est faite également d'arracher les plants d'osier encore productifs dans la dernière année du bail, ainsi que tous autres arbrisseaux. Cette faculté sera réservée au futur fermier qui en usera suivant ses intérêts.

4° Les preneurs seront aussi tenus, chacun en ce qui le concerne, de conserver la possession et jouissance du terrain qui leur a été affermé dans ses bornes et limites, de veiller à ce qu'il ne soit fait aucune anticipation et dégradation, et d'avertir le Bureau de Bienfaisance de toutes les usurpations qui pourraient y être commises.

5° Les locataires ne pourront sous-louer sans le consentement exprès et par écrit du Bureau de Bienfaisance, à peine de résiliation du bail et de dommages et intérêts.

Un Curé Picard.

sortir. Il était beaucoup plus simple pour eux de
mendier le morceau de pain qu'ils n'avaient pas le
courage de gagner, ou s'ils l'avaient gagné, les malheureux n'avaient pas su le rapporter jusqu'à la
maison. Et la mère et les pauvres enfants avaient
faim ! Il fallait bien cependant les secourir dans leur
misère noire. Et voici précisément où éclate la
sagesse et l'économie toute chrétienne de ce système : c'est l'ouvrier courageux, qui, grâce à la petite
rétribution qu'il sera obligé de donner pour le fermage de son jardinet, aidera le Bureau de Bienfaisance à secourir toutes ces détresses. Celui-ci fera,
comme l'on dit vulgairement, d'une pierre deux
coups ; il aidera l'un et secourra l'autre ; ou mieux
encore : par son entremise, l'un sera le soutien de
l'autre. Il aura fait plus qu'œuvre de solidarité
sociale, il aura fait œuvre de mutualité sociale.

Et c'est ainsi que M. l'abbé Haclin savait faire
pénétrer le pur esprit de l'Evangile dans l'organisation de toutes ses œuvres, même matérielles. C'est
ainsi qu'il était prêtre et apôtre en tout et partout.
Il réalisait à la lettre cette parole de saint Paul :
Instaurare omnia in Christo[1]. « Tout restaurer dans
le CHRIST et pour le CHRIST, » écrit dans sa lettre
encyclique, qui est tout un programme, Notre

---

1. Eph., 1, 10.

Saint-Père le Pape Pie X ; c'était le programme de Léon XIII, il ne pouvait qu'être suivi par M. l'abbé Haclin.

ASSISTANCE PAR LE TRAVAIL.

A la création du Bureau de Bienfaisance et des ressources qui y sont consacrées pour le bien des ouvriers et des pauvres, il faut y rattacher une autre œuvre, non moins utile et non moins morale pour l'ouvrier, l'œuvre de l'assistance par le travail.

Aider l'ouvrier à gagner sa vie, lui fournir du travail alors qu'il en manque, c'est l'arracher à la misère et quelquefois au vagabondage. C'est faire œuvre de charité et de moralisation.

Grâce à sa façon d'administrer, pleine de tact et de discrétion, M. Haclin savait toujours se faire agréer par l'autorité civile. Il en profitait pour faire remarquer ce qui, dans la commune, serait le plus utile au bien général. Il s'ingéniait à trouver des moyens pour soulager la classe laborieuse au moment où elle avait besoin d'aide.

C'est ainsi qu'il suscitait certains travaux communaux dont lui-même se faisait le directeur, et qui ont été pour les ouvriers sans travail pendant l'hiver une cause de ressources inespérées, pour les aider à vivre et les empêcher de tomber dans la misère. Il lui arriva bien souvent d'avancer de l'argent à la commune pour le payement des travailleurs qui ne pouvaient attendre.

Au point de vue moral, pour l'ouvrier, c'était un véritable relèvement, le travail au lieu de l'aumône ; et puis le travail ennobli, sanctifié par le contact du prêtre qui le dirigeait, et ne craignait pas de mettre lui-même la main à la pioche : il y avait là un enseignement vivant qui ne pouvait être perdu. Il était digne du prêtre, du pasteur.

CONCILIATION DANS LES PROCÈS

On peut dire que la vie du Curé de Morcourt se résume dans l'exercice de la charité. Être *utile à tous et ne nuire à personne* [1].

Toujours la fable de l'*Huître et les Plaideurs* sera une triste vérité. Frappé de cette maxime de saint Augustin qui disait : «Ou point de procès, ou terminez-les au plus tôt », M. l'abbé Haclin crut que son ministère de paix et de conciliation pouvait, là encore, être d'une grande utilité à ses paroissiens. Profitant de l'ascendant, du respect et de la confiance qu'inspirait son caractère sacerdotal, il s'efforçait de se placer comme médiateur dans les procès et difficultés qui pouvaient survenir entre ses paroissiens. La sagesse de ses décisions les terminait toujours amiablement, promptement, et surtout gratuitement.

Comme le saint Curé de Mattaincourt, M. Haclin établissait ainsi dans sa paroisse cette justice de paix permanente qui, du reste, dès l'origine du christia-

---

1. Devise de Mgr Dizien.

nisme, avait son analogue dans les jugements gratuits des évêques. Tant il est évident, qu'il suffit de remonter le cours des âges, et d'écouter, sans prévention, les enseignements de l'histoire, pour se convaincre que tout ce qu'il y a de vrai, de beau, de grand, de véritablement utile et fécond dans nos sociétés modernes, a sa source dans une pensée chrétienne. Et cette pensée chrétienne inspirait toujours les actions du Curé de Morcourt.

CHAPITRE XVIII

TRAVAUX COMMUNAUX

Apostolat social. — Le Prêtre, sauveur de la Société. — Collaborateur dévoué, discret soutien de l'autorité civile. — Science des lignes de démarcation. — Toujours prêtre, toujours apôtre. — Morcourt. — Les marais, foyer d'infection. — Prudence pour faire admettre ses projets. — Il inspire plus qu'il ne dirige. Apprend à se diriger. — Initiateur des plantations d'arbres. — Canalisation des marais. — Source de richesse et de santé. — Agent-voyer communal. — Etablissement d'étentes, d'un port, de bains. — Reconnaissance de la population.—Œuvre économique, sociale, moralisatrice. — Prêtre accompli, conseiller sûr, guide éclairé, charitable. — Identification avec son peuple. — Etre de son temps. — Aller au peuple, aux ouvriers, aux pauvres. — Affection du peuple pour son pasteur. — Esprit démocratique. — Vaste champ.

CHAPITRE XVIII

TRAVAUX COMMUNAUX.

UN journal,[1] dans un article nécrologique qu'il consacrait à M. l'abbé Haclin, s'exprimait ainsi :

« M. l'abbé Haclin qui vient de mourir, et à qui la commune de Morcourt a fait de si belles funérailles, ne fut pas seulement un bon prêtre, imposant à tous le respect par la dignité de sa vie, gagnant toutes les sympathies par le charme de ses relations. Il fut vraiment un homme du peuple, l'âme de sa commune. On sentait en lui le robuste tempérament de ces missionnaires qui mènent de front les œuvres de colonisation et de moralisation.

» Comme beaucoup de curés, M. l'abbé Haclin s'occupa de restaurer, d'embellir son église ; comme beaucoup, il fonda une école de filles. Mais, si les habitants de Morcourt lui furent tant attachés, c'est qu'il ne concentra point tous ses efforts sur son église et sur les œuvres d'éducation ; vivant de leur vie même, il ne négligea aucun de leurs intérêts, et il fut la véritable providence de cette commune. Il se fit tout à la fois planteur, ingénieur, architecte, historien. Morcourt lui doit l'origine d'un capital de

____

1. *L'Action Sociale*, 28 février 1903.

plus de cent mille francs, le nivellement de ses rues, le reboisement de ses marais, etc. »

Les réflexions de l'*Action Sociale* sont très justes, et donnent bien la raison de l'une des grandes causes de la popularité de ce Curé dans sa paroisse.

Mais, comment ce prêtre a-t-il pu avoir cette action sur sa commune et se faire écouter des autorités, qui, bien souvent, sont très jalouses de leurs pouvoirs, surtout à l'égard du clergé ? C'est là un point délicat qu'il est bon, croyons-nous, de mettre en relief dans cette phase de la vie de M. l'abbé Haclin.

Lui-même, dans une de ses lettres, expose ainsi le rôle du curé auprès de l'autorité civile qu'il honore et respecte. Il écrit, en 1854, au maire de Riencourt,[1] son ami, dont la commune n'a plus de curé : « De nos jours, mieux que jamais, on sent la nécessité d'un prêtre au milieu d'une commune. Il y est le représentant de l'autorité religieuse, le soutien de l'autorité civile qu'il environne lui-même de respect, et à laquelle il commande d'obéir ; il y est le gardien de la foi qu'il ravive dans les âmes, le modérateur des mœurs, qui vont se pervertissant de plus en plus ; il oppose une digue aux mauvaises passions que de fausses théories politiques ont

---

1. M. Dupuis.

surexcitées les années précédentes. Tous ne déduisent pas ces raisons, mais beaucoup de personnes les sentent. L'opinion souffle de ce côté, et ce souffle est inspiré d'en haut. Le prêtre, avec l'aide d'un pouvoir civil intelligent, sera le sauveur de la Société. »

On peut bien dire que ce pouvoir civil intelligent M. l'abbé Haclin eut le bonheur de le rencontrer à Morcourt. Mais il est vrai de dire aussi qu'il sut s'en montrer également l'intelligent et dévoué collaborateur, ainsi que le respectueux et discret soutien.

Pour se rendre bien compte du succès de son œuvre à ce point de vue, il faut tout d'abord remarquer, — et ceci est posé en principe dans toute sa vie, — qu'il n'a jamais entrepris une œuvre sans s'assurer du succès probable qu'elle pouvait avoir ; ensuite, il savait mesurer son action et lui assigner les bornes prescrites par la sagesse humaine. Il avait, en un mot, la science des lignes de démarcation. Léon XIII, dans son bref aux Frères Mineurs de décembre 1898, formule ce principe :

« Nos encycliques, c'est dans l'intérêt du peuple que nous les avons publiées, afin qu'elles lui apprissent à délimiter ses droits et ses devoirs, à *se diriger lui-même*, à travailler, comme il convient, à son propre salut. » Tel est le principe qui a dirigé le Curé de Morcourt dans son apostolat. Apprendre à ses paroissiens à *se diriger eux-mêmes*, à travailler comme il convient, aussi bien à leurs intérêts matériels qu'à leurs intérêts spirituels.

Pour écrire cette belle page de la vie du Curé de Morcourt, je voudrais avoir la plume d'un Balzac décrivant, dans ses scènes de la *vie de campagne*, l'heureuse influence civilisatrice et sociale du *curé de Montégnac*, par les sages conseils qu'il donne et la prudente direction qu'il imprime. Quels beaux tableaux à tracer ! Quels jolis reliefs à faire ressortir ! Et au milieu de tout cela, le prêtre toujours prêtre, toujours apôtre, toujours conduisant les âmes à DIEU.

M. l'abbé Haelin connaissait à fond le territoire de sa paroisse avec tous les lieux dits. En lisant sa *notice sur Morcourt* et la promenade qu'il fait faire au lecteur à travers son terroir, on se souvient malgré soi de ce bon curé de village des Alpes décrit par Lamartine dans *ses Laboureurs*, et avec lui on croit l'entendre vous dire :

Quelquefois dès l'aurore, après le Sacrifice,
Ma Bible sous mon bras, quand le ciel est propice,
Je quitte mon église et mes murs jusqu'au soir,
Et je vais par les champs m'égarer ou m'asseoir.

La situation du village de Morcourt offre un caractère tout particulier. C'est ce qui a été précisément la cause de tous les travaux faits sous l'impulsion et la direction de l'infatigable curé. « Ce village, nous dit-il lui-même dans sa notice sur Morcourt, qualifié *bourg* par d'anciens documents, est bâti en amphithéâtre sur le versant septentrional de deux collines, à proximité de la Somme, qui semble se détourner pour lui payer le tribut de ses eaux. Au centre se trouvent l'église, le presbytère et les écoles.

» Un historien [1] a dit que Morcourt, vu des hauteurs de Chipilly, présentait un coup d'œil magnifique. Rien de plus exact que cette appréciation. Ici c'est une colline escarpée, au bas de laquelle s'étend une prairie sillonnée par divers cours d'eau ; ailleurs ce sont des vallées sinueuses dont les coteaux apparaissent, tantôt abrupts, tantôt inclinés, et quelquefois disposés en gradins ; des plateaux cultivés et d'autres couverts de bois ; des terres arides, des plaines fertiles, des marécages abondants, des tourbières, des étangs poissonneux. Ne dirait-on pas que la divine Providence a multiplié en ces lieux les marques de sa bonté, pour porter plus puissamment les habitants à l'amour et à la reconnaissance ? »

Ce dernier trait peint le Curé de Morcourt dans son action évangélique. Reporter tout à DIEU.

1. M. de Cagny, *Hist. de l'Arr. de Péronne*.

Ce sont ces lieux si favorisés de la Providence, et auxquels il fixe ses pas, qu'il va s'efforcer d'enrichir et d'embellir pour le bonheur de ses habitants.

Les marécages abondants, couverts de roseaux qui apparaissent aux touristes comme de vastes lagunes, découpées, de ci, de là, par quelques vieux saules vermoulus, n'offraient guère de ressources à la commune. Au contraire, les eaux stagnantes, qui y croupissaient, étaient pour le pays un foyer d'infection où se développaient à volonté les millions de microbes de toutes les fièvres et épidémies pernicieuses. Loin d'être une source de richesses, ces marais étaient une cause perpétuelle de maladies.

M. l'abbé Haclin se rendit bien vite compte de cet état de choses, et sa pensée fut de chercher à y remédier dans le plus bref délai possible. Mais comment y parvenir ? Quels moyens employer ?

Le prêtre à cette époque, entre 1850 et 1860, jouissait encore d'un prestige que le dépérissement de la foi lui fait perdre chaque jour.

Malgré cela, il fallait savoir se faire accepter de l'autorité civile, et lui faire admettre des projets qui concouraient au bien général, il est vrai, mais qui étaient entièrement de sa compétence. N'avait-il pas à craindre que l'on redoutât son ingérence dans des choses qui, en réalité, ne lui regardaient pas et qui ne relevaient aucunement de son ministère ? Et cependant, il y avait là une œuvre réelle à faire, à laquelle personne ne pensait, et qui devait être une *source* de richesses, en même temps que de santé pour la commune. N'écoutant que son désir d'être utile à son peuple et de lui faire du bien, il sut mettre tant de délicatesse, tant de souplesse dans ses rapports et l'exposition de ses vues avec les autorités locales, qu'il les fit toutes admettre. C'est que son vrai désir, et la chose apparaissait réellement ainsi, était d'aider, non de gouverner, servir de *mentor*, non de chef. Il ne prétendait qu'à une seule chose, être la cheville ouvrière du bien à faire dans sa paroisse, en même temps que l'âme de son relèvement.

Partout, si on sent en lui l'inspirateur, il n'apparaît jamais comme gouverneur. C'est M. le Maire et son conseil qui commandait. Mais il acceptera la charge de diriger les travaux ordonnés par l'autorité. Il se fera chef d'équipes. On le verra parfois à la tête de vingt ou vingt-cinq ouvriers, abaissant des collines, redressant des chemins, en créant de nouveaux, améliorant les routes, creusant des canaux dans les marais, élevant des digues, plantant des arbres.

Tout ce monde, il le commande moins qu'il ne le dirige, lui montrant lui-même la manière de travailler ; malgré cela, il dirige encore moins matériellement que moralement ; il n'est pas un chef, mais un conseiller, un ami écouté, l'âme qui anime tout ; pour ce peuple, il est vraiment là le pasteur et le père.

Nous l'avons dit ailleurs, ici l'œuvre de M. Haclin devenait plus qu'une œuvre matérielle dans les conditions qu'elle était exécutée. Ces sortes de travaux avaient toujours lieu l'hiver, à l'époque où un grand nombre d'ouvriers étaient sans travail. Elle devenait non seulement une œuvre utile, mais une œuvre morale pour l'ouvrier ; elle devenait une œuvre d'*assistance par le travail*.

En réalité, il n'use de l'autorité qu'il acquiert par les services qu'il rend, que pour guider les autres et agir par eux. Car il sent bien que l'œuvre qu'il fait, bien qu'utile à tous, ne peut être que transitoire.

Il est bon pour le curé, dans certains cas, de former des hommes qui bientôt seront aptes à le remplacer, et en mesure de faire prospérer l'œuvre commencée. Elle aura ainsi son avenir assuré. Dès lors, il pourra se livrer à d'autres travaux, plus en rapport avec son ministère sacré.

N'est-il pas beau ce rôle du prêtre qui indique

au peuple la manière de se *diriger lui-même,* suivant l'expression de Léon XIII ? Il devient le précepteur de la démocratie, le roi de demain, comme les évêques, sous l'ancien régime, se chargeaient de l'éducation du Dauphin. Tel a été le rôle de l'intelligent Curé de Morcourt.

C'est lui qui fut l'initiateur, dans cette partie de la vallée de la Somme, des plantations d'arbres. Il indiqua la manière pratique de les faire. Ce fut pour les habitants de Morcourt comme une féerie, lorsqu'ils virent au printemps dans leurs marais, véritables lagunes désertes, six mille pieds d'arbres, dresser au-dessus des eaux leurs têtes verdoyantes, annonce d'une vraie fortune pour l'avenir. Ce fut pour eux encore un réel soulagement, lorsqu'ils aperçurent, à la place des eaux stagnantes et saumâtres, se dessiner à travers ces rangées d'arbres des canaux, entraînant dans leur cours les causes morbides qui les faisaient trembler.

Ce fut aussi un charme pour la population de voir se dérouler, devant ses maisons perchées en amphithéâtre sur de véritables montagnes, de gracieuses voies les reliant désormais facilement à la grande route de Péronne qui traverse le village.

Elle ne leur fut pas moins agréable la spacieuse place publique qui devait servir aux innocents ébats de la jeunesse ; aussi utile leur parut encore la création d'une mare, afin de recevoir les eaux d'écoulement pour le service commun.

Par ailleurs, l'industrie appréciait à sa juste valeur les magnifiques étentes pour sécher la tourbe, précieuse économie de location pour la commune, et les larges canaux qui servaient à y conduire les bateaux.

Il n'est pas jusqu'un port qu'on n'essaya de créer aux abords de Morcourt. Il était relié au canal par un chenal qui traversait les entailles et permettait aux gros bateaux d'aborder.

Egalement l'ouverture de bains avec leurs cabines donna à Morcourt une certaine vogue ; on y venait beaucoup de Santerre.

Tout cela était l'œuvre de l'entreprenant et actif Curé.

Tout le monde le savait bien. Aussi, c'étaient de véritables remerciements qui s'échappaient de tous les cœurs. Et, au jour des noces d'or du dévoué pasteur, M. le Maire de Morcourt n'hésitera point à se faire l'interprète de la reconnaissance de toute la paroisse : « La commune de Morcourt, vénéré pasteur, lui dira-t-il, s'associe à vos collègues, à votre famille, pour fêter le cinquantième anniversaire de votre prêtrise.

» Les décorations du village, l'empressement, le recueillement que vous rencontrerez sur votre passage, la sympathie que vous lirez dans les yeux, vous diront la reconnaissance de vos paroissiens. En pourrait-il être autrement ? Evidemment non ! car, tous ici, nous savons que, depuis bientôt quarante-trois ans que la Providence vous a placé à la tête de la paroisse de Morcourt, vous avez été constamment un prêtre accompli, un conseiller sûr, un guide éclairé.

» Non content de répondre aux devoirs multiples de votre sacerdoce, vous vous êtes dévoué pour améliorer les intérêts matériels de la commune. C'est à votre initiative habile que la commune de Morcourt doit d'avoir des plantations d'arbres, qui sont aujourd'hui d'une ressource indispensable pour l'équilibre de son budget ; la transformation de notre place communale est également votre œuvre, et vous avez puissamment aidé à la création du Bureau de Bienfaisance, qui est la providence des pauvres et des nécessiteux.

» Aussi, suis-je heureux, Monsieur le Curé, de vous offrir les compliments du Conseil municipal, de tous vos paroissiens et les miens en particulier, de vous exprimer la reconnaissance de tous, de vous assurer que nous suplions Dieu de vous conserver longtemps encore parmi nous. »

C'est bien le merci du cœur. Quelle joie dut en ressentir le bon pasteur !

Avec plus de vérité que le poète ancien, on pourrait dire : « Heureux habitants ! Ici sur la rive du fleuve que vous connaissez, près des fontaines sacrées, vous respirerez désormais la fraîcheur de l'ombrage épais [1] », grâce à votre curé !

Voilà l'œuvre économique, sociale et moralisatrice accomplie par M. l'abbé Haclin dans sa paroisse. Elle est évidente, et l'autorité, le respect et la reconnaissance qu'il s'est acquis, ne sauraient être contestés ; le bien matériel, moral et religieux fait est visible. Vraiment Balzac n'a pas mieux imaginé « son curé de village ». Si le Curé de Morcourt a eu l'occasion de le lire, on pourrait penser qu'il s'en est fait un idéal pour le réaliser, mais avec cette différence encore qu'il fut non seulement le conseiller de tous ces travaux, mais aussi l'ingénieur qui les dirigea et les mena à bonne fin.

Quelle méthode M. Haclin a-t-il employée pour réussir ?

---

1. *Fortunate senex ! hic, inter flumina nota*
Et fontes sacros, frigus captabis opacum. (Virg., 1re *Egl.*)

M. le Maire de Morcourt a répondu en trois mots à cette question : « Il a constamment été un *prêtre accompli*, un *conseiller sûr*, un *guide éclairé.* » Voilà le succès de sa méthode. Il fut d'abord prêtre, et travailla toujours à devenir plus prêtre, se pénétrant de l'esprit de l'Evangile et y conformant sa vie, *in finem*, jusqu'au bout.

« Être oui ou non circoncis importe peu, écrivait saint Paul, ce qu'on nous commande est de dépouiller le vieil homme, l'homme corrompu, l'homme des passions, et de revêtir l'homme nouveau qui est la rénovation, la restauration dans le CHRIST, l'homme nouveau qui porte en lui l'image du CHRIST, qui vit de son esprit, qui agit par sa charité ; l'homme intérieur dans lequel se forme et habite le CHRIST, qui forme avec le CHRIST une seule chose et peut dire à DIEU : Père ! »

M. l'abbé Haclin travailla vraiment à former en lui cet homme intérieur. Mais il ne s'en tint pas là et, s'appuyant sur l'homme intérieur, il forma aussi l'homme social, celui qui cherche à réaliser la prière ; *adveniat regnum tuum*, et qui veut que la volonté de DIEU soit faite sur la terre comme au ciel.

Il tentera tout pour appliquer, dans le milieu où il vit, ce magnifique programme de saint Paul qu'il a déjà réalisé en lui-même. Pour cela, il se fera tout à tous, il se pliera à toutes les circonstances de temps, de lieu, de personnes qu'il sera possible, pour se faire accepter de tous. Il traitera tout le monde d'une façon digne et respectueuse, avec des formes proportionnées à la situation, à l'état d'esprit de chacun, en un mot, il traitera les gens de façon à leur faire plaisir en toute occasion. C'est bien là le véritable esprit de la charité chrétienne et de la politesse française.

M. l'abbé Haclin sentait bien que lui-même devait le premier en donner l'exemple. C'était encore faire œuvre d'apostolat, de formation sociale.

Par cette méthode, le Curé de Morcourt fit certainement un grand bien, jouit d'une grande influence ; ne se contentant point seulement de faire régulièrement ses catéchismes, ses prônes le dimanche, de soutenir même les miséreux. Tout cela eût été très bien sans doute, mais aussi très insuffisant.

Sa force a été, lorsqu'il s'est présenté devant ses paroissiens, de pouvoir montrer qu'il était le plus vaillant défenseur de leurs intérêts. Aussi, a-t-il été l'homme du peuple dans toute l'acception du terme, le peuple le trouvant en tout, partout, toujours identifié à sa vie, aussi bien sur le terrain économique que sur le terrain social et religieux. Loin de s'enfermer dans la pieuse, tranquille et recueillie solitude du presbytère, vivant en dehors de la vie commune, et étranger aux intérêts de sa paroisse, le Curé de Morcourt s'est pénétré des aspirations et des besoins de son peuple, il a cherché toutes les occasions qui pouvaient se rencontrer de prendre contact avec lui, se gardant bien d'agir, comme si Dieu n'avait créé que l'ordre surnaturel, et n'avait pas mis à sa base un ordre naturel dont il est aussi le maître, et dont il faut pareillement s'inquiéter.

Ainsi d'ailleurs l'avait compris le clergé du moyen âge. Et on peut dire que M. l'abbé Haclin en était un vivant reflet. Il avait bien saisi que l'histoire d'hier pouvait être l'histoire d'aujourd'hui et de demain, mais à condition de ne pas confondre l'esprit qui demeure avec les formules qui changent, d'être de son temps, de vivre la vie de son temps, en n'essayant pas de résister quand même aux aspirations de ce temps, pour imposer à son siècle qui vit les formes surannées des siècles qui sont morts.

Aussi ce fut un grand bonheur pour lui, en même temps qu'il y trouvait une véritable approbation de sa vie d'apostolat au milieu de son peuple, que de lire dans l'Encyclique de Léon XIII au clergé de France, où il trace en détail le programme de l'action du prêtre : « Dociles aux conseils que Nous vous avons donnés dans notre Encyclique *Rerum novarum,* vous allez *au peuple, aux ouvriers, aux pauvres.* »

Voilà bien le triple objet de cette action. Aller au peuple, n'est-ce pas aborder la question sociale ? Aller aux ouvriers, n'est-ce pas s'intéresser à la question ouvrière ? Aller aux pauvres, n'est-ce pas essayer de résoudre la question « de misère imméritée, » le problème angoissant du paupérisme ?

Eh ! qui mieux que l'humble Curé de Morcourt pouvait se dire : Mais dans toute ma vie sacerdotale je n'ai fait que cela !

Au peuple ! mais j'y suis allé en améliorant grandement les intérêts de ma commune.

Aux ouvriers ! mais j'y suis allé en leur créant des jardins à bon marché.

Aux pauvres ! mais j'y suis allé en travaillant à établir le Bureau de Bienfaisance, avec toutes ses œuvres annexes.

Aussi, on n'est pas étonné de voir l'affection de ce peuple pour son pasteur, le grand respect qu'il professe pour le prêtre, et son profond attachement à la religion. Car la masse simpliste incarne la religion dans le prêtre ; pour beaucoup, le prêtre et la religion, c'est tout un. Celui-ci doit donc rendre la religion aimable, prendre en mains les intérêts de la population qui lui est confiée, prouver par un dévouement inlassable qu'il n'est pas, comme le disent ses ennemis, « un égoïste », cherchant à gagner de l'argent, mais bien un homme qui aime profondément le peuple, qui a au cœur la passion de lui être utile et de l'aider à améliorer son sort. C'est bien ce qu'a compris et fait toute sa vie M. l'abbé Haclin.

Toute sa vie sacerdotale fut animée de cet esprit qu'on appelle aujourd'hui « démocratique », mais qui n'est autre en réalité que l'esprit apostolique du divin Maître : travailler au bien du peuple, non pour le dominer, mais pour lui assurer le bonheur en ce monde, en le conduisant au bonheur du ciel.

Aussi, en beaucoup de choses, M. l'abbé Haclin avait devancé son siècle, et lui avait fait voir des améliorations, que son esprit naturellement logique avait déduites des données chrétiennes. Il avait de l'Évangile une large intelligence. Son cœur, brûlant de ce feu divin que le Sauveur est venu apporter sur la terre, et dont il désire qu'elle soit embrasée, son cœur, dis-je, activant et fécondant les conceptions de son esprit, il avait le pressentiment des applications sociales auxquelles le christianisme peut se prêter.

Vaste champ dans lequel la religion catholique est loin d'avoir dit son dernier mot ; car, tout en paraissant n'avoir en vue que le bonheur éternel de l'homme, elle fait également son bonheur sur la terre. Tout est donné par surcroît aux sociétés qui, avec elle et comme elle, cherchent avant tout le royaume de DIEU. Quand tous nous serons profondément pénétrés de son esprit, il n'est rien qu'on ne doive attendre de la réalisation sociale de ses grands principes d'autorité, de respect, et en même temps de liberté, de fraternité, d'abnégation, de dévouement, de charité, de justice. Telles étaient les pensées qui animaient la vie de cet homme du Peuple.

LIVRE V

L'HOMME DU PRESBYTÈRE

CHAPITRE XIX

VIE DE TRAVAIL ET D'ÉTUDE

Principes de direction. — VIE DE TRAVAIL : Noblesse du travail manuel. — Le curé de campagne imite les solitaires. — Amour de son jardin.

VIE D'ÉTUDE : Nécessité de la science pour le prêtre. — Fontaines publiques. — Travail incessant. — Ecriture Sainte. — Théologie. — Etudes historiques.

PRESBYTÈRE DE MORCOURT

CHAPITRE XIX

VIE DE TRAVAIL ET D'ÉTUDE

OBSERVER son siècle, ses besoins, ses tendances : être pour lui apôtre : le pousser à la pratique de toutes les vertus, s'inspirer, pour son plus grand bien, tant spirituel que matériel, des directions pontificales, qu'elles viennent de Pie IX ou de Léon XIII, tels sont les principes qui ont dirigé toute la vie sacerdotale de M. Haclin.

Cette vie pleine de mérites du pieux Curé de Morcourt, comme la vie de tout curé de campagne, se passait en grande partie dans son presbytère.

Après avoir épuisé auprès des âmes la vie surnaturelle dont il était rempli, c'est au presbytère qu'il revenait, comme à une source féconde, faire de nombreuses provisions, reprendre de nouvelles forces. Tout cela, il le trouvait dans le travail, l'étude, la prière et la pratique de toutes les vertus.

VIE DE TRAVAIL

La vie du curé de campagne a quelque chose qui tient de la vie de l'apôtre et du solitaire ; il doit donc pour se sanctifier mettre en usage, autant qu'il le peut, les moyens qui ont sanctifié ceux qui l'ont menée. Or, tout le monde sait la grande estime que les solitaires, les apôtres, Notre-Seigneur lui-même ont toujours eue pour le travail des mains. Non seulement saint Paul travaillait de ses mains apostoliques, mais il s'en glorifiait comme d'un véritable mérite aux yeux des nations : *Laboramus*, disait-il, *operantes manibus nostris.* [1] Et Notre-Seigneur, le Grand Pontife de la loi de grâce, n'a-t-il pas manié le rabot et la scie dans l'humble boutique de saint Joseph, le plus grand des Patriarches ? « JÉSUS, dit le docteur Sepp [2], dans son abaissement terrestre, s'est-il soumis à quelque travail corporel ? A-t-il exercé le métier de Joseph, son père nourricier ? Et Celui qui a construit l'édifice merveilleux de ce monde, a-t-il dédaigné de travailler dans un pauvre atelier ? Les Evangélistes ne nous laissent aucun doute à ce sujet. Ainsi les Nazaréens se demandent avec étonnement : D'où lui vient cette sagesse ? N'est-ce pas là le fils du charpentier ? »

Le curé de campagne qui, pour occuper utilement et saintement ses loisirs, imite les solitaires de de saint Bruno, ne fait donc que marcher sur les traces de l'adorable Maître. Ainsi l'avait compris

1. I Cor., IV, 11.
2. *La Vie de Notre-Seigneur Jésus-Christ.* II, p. 203.

le pieux Curé de Morcourt. Et, en toute vérité, il pouvait répéter avec le poète[1] :

> O travail, ô sainte loi du monde,
> Ton mystère va s'accomplir !
> Pour rendre la glèbe féconde,
> De sueur il faut l'amollir.
> L'homme, enfant et fruit de la terre,
> Ouvre les flancs de cette mère
> Qui germe les fruits et les fleurs.

Comme autrefois saint Grégoire de Nazianze aimait à cultiver les fleurs, ainsi M. l'abbé Haclin aimait à cultiver les légumes, les fruits et les fleurs de son jardin. Aussi, le voyait-on bêcher, sarcler, ratisser, semer, planter, arroser, tailler, greffer, émonder. Il pouvait dire comme le Curé dépeint par Lamartine :[2]

> Je m'assieds un moment, comme le voyageur
> Qui s'arrête à moitié du jour et reprend cœur.
> Le reste du soleil dans les champs je le passe
> A ces travaux du corps dont l'esprit se délasse ;
> A fendre avec la bêche un sol dur, à semer,
> A faire à chaque plante, à son heure, pleuvoir
> En insensible ondée un pesant arrosoir ;
> Car de l'homme à la fois cette terre réclame
> La sueur de son front et la sueur de l'âme.

M. Haclin était heureux de montrer son jardin fort bien planté, et ses arbres taillés selon les

---

1. Lamartine, *Les Laboureurs*.
2. *Le Presbytère*.

règles de l'arboriculture. C'était avec un véritable plaisir qu'il offrait, à sa table toujours hospitalière, le beau raisin de sa treille, les succulentes poires et les douces pommes de son verger, et les laitues de son jardin. Comme il aimait son jardin avec ses arbres ! Il avait pour eux les soins, la vigilance, je dirai la tendresse du jardinier pour les arbres qu'il a plantés lui-même, dirigés et vus grandir. Aussi, quand un hiver rigoureux et malencontreux, comme celui de 1879, laisse après lui des ruines, il a bien soin de le noter avec une sorte de tristesse et de regrets, en comptant les morts. « L'hiver de 1879, écrit-il, a été excessivement rigoureux, le baromètre, dans la nuit du 8 décembre, est descendu à 24° au-dessous de zéro. Le froid a causé des dégâts inappréciables : la plupart des arbres fruitiers ont été gelés, surtout les vieux ; les jeunes ont opposé une plus grande résistance, mais il a fallu en élaguer les branches mortes. Le jardin du presbytère a perdu vingt-quatre arbres, pommiers, poiriers, pruniers et noyers, sans compter toutes les vignes. Ceux qui restent ont beaucoup souffert, et il est à craindre qu'ils donnent désormais peu de fruits. » Ne croirait-on pas entendre le pauvre Mélibée de Virgile s'écriant :

Insere nunc, Melibœc, pyros, pone ordine vites.
Va maintenant, Mélibée, greffer tes poiriers, aligner tes ceps[1] !

---

1. 1re Eglogue.

Ah ! c'est que tout cela était le fruit de son travail et de ses sueurs.

C'est dans son jardin que M. Haclin passait ses moments libres, reposant son esprit fatigué par un travail corporel salutaire ; car il aimait l'étude, et tout le temps qui n'était pas consacré à la prière, à son église ou à la paroisse, il l'employait à étudier.

VIE D'ÉTUDE

La science est un don de DIEU. L'homme le reçoit et pour son utilité personnelle, et pour l'utilité de ses semblables.

Mais, pour instruire les autres, il faut de toute nécessité que le curé soit instruit lui-même, et, pour s'instruire, il faut qu'il embrasse généreusement le travail de l'étude et de toutes les fatigues qu'elle entraîne à sa suite. Personne n'est savant par son propre fonds, et les hommes favorisés des talents les plus merveilleux ne savent, non plus que les esprits médiocres, que ce qu'ils ont appris. Il faut donc que quiconque veut savoir apprenne, et l'on peut dire, en empruntant les paroles de l'apôtre : « Si quelqu'un croit savoir quelque chose sans être assujetti à cette loi, il ne sait pas même encore de quelle manière il doit savoir[1]. » Or, personne plus que le prêtre n'a besoin de ce travail incessant, pour se tenir au courant de la science si vaste qu'il doit

1. I Cor., VIII, 2.

posséder. En raison de la charge si éminente dont il est investi d'enseigner à tous les hommes, savants ou ignorants, la science même de DIEU, il devrait, hélas ! presque tout connaître.

M. l'abbé Haclin, en présence de cette nécessité de la science du prêtre, comparait bien souvent le pasteur de paroisse à ces fontaines publiques, qui fournissent sans relâche leurs eaux salutaires à tous les habitants du village. Une foule de personnes de tout âge et de tout sexe y viennent incessamment puiser la vie dont ils ont besoin.

Le pasteur lui aussi, au centre du village, est sans cesse à la disposition de la famille spirituelle que DIEU lui a donnée ; redevable à tous, il se prodigue à tous avec une inépuisable abondance. On vient à lui pour vivifier les âmes, comme on court à la fontaine pour vivifier les corps : riches, pauvres, jeunes, vieux, ignorants, savants, tous accourent à l'homme public, à cette fontaine de grâce dont les eaux jaillissent jusqu'à la vie éternelle. Il éclaire, réprimande, console, assiste, convertit, réchauffe, enflamme tous ceux qui l'approchent ; en un mot, il se multiplie pour multiplier ses bonnes œuvres, et s'inspirant sans cesse de sa science et de sa vertu, il fait couler dans les âmes par d'imperceptibles canaux cette *vie* surnaturelle dont il est la source.

Aussi, comme M. l'abbé Haclin travaillait pour augmenter en lui la *vie* divine de la science! Ce n'est pas lui qui croyait que la simplicité du peuple dont il avait la charge, le dispensait des fatigues de l'étude, et que, pour prêcher à de braves gens de la campagne, il en savait toujours assez. Il croyait au contraire que, pour prêcher à de pauvres ouvriers dont toute la science consiste à savoir faire marcher leur métier, à de bons cultivateurs dont toute l'intelligence est appliquée à jeter la semence en temps utile, à bien tracer un sillon, à bien engraisser leurs champs, il faut savoir les instruire, les toucher, leur persuader d'embrasser la pratique de la vertu. Pour instruire, il faut donner des idées justes, et trouver le moyen de les faire comprendre et retenir. Or, cela n'est pas toujours aussi facile qu'on pourrait le croire, d'autant plus que ce sont toujours des vérités très élevées qu'il faut faire comprendre à des intelligences qui n'y sont pas disposées, et souvent amoindries.

M. Haclin était convaincu que, pour instruire avec clarté et solidité, il fallait une connaissance exacte et approfondie des questions.

Ce fut d'abord dans l'étude de *l'Ecriture Sainte* qu'il alla puiser cette science nécessaire. Il l'avait tellement consultée, méditée ou, comme dit l'Esprit-Saint, *dévorée*, que l'on a retrouvé sa Bible fatiguée, usée et remplie de notes. C'est qu'il savait avec saint Paul, « que la Sainte Ecriture a été inspirée pour enseigner, reprendre, corriger et instruire dans la justice. » Et de fait, la divine Ecriture est le code sacré du prêtre, il ne doit épargner aucune peine pour l'étudier, l'approfondir, et se la rendre aussi familière que le jurisconsulte le code des lois humaines. Il faut que son esprit soit tout pénétré de la Bible, que son cœur en fasse ses délices, et que son langage en soit tout imprégné.

Il suivait avec un grand intérêt le mouvement si remarquable d'exégèse catholique.

Il est un autre livre dans lequel M. l'abbé Haclin allait documenter la science indispensable au prêtre, c'était la *Théologie*. Il en appréciait l'importance, et, avec saint Thomas, il en admirait la magnificence et la majesté. Il la concevait dans un ordre naturel, et parfaitement uni dans toutes ses parties, dont le point de départ et le terme sont toujours l'unité. « Nous venons de DIEU par la création, et nous allons à DIEU en pratiquant les vertus, par la médiation de JÉSUS Notre-Seigneur. » C'était le plan de saint Thomas, et on ne peut rien imaginer de plus *un*, de plus naturel et de plus lumineux. Et, quand il prenait cette science merveilleuse dans son ensemble, il la voyait se dresser devant lui comme un arbre de vie qui a le *Dogme* pour racines, la *Morale* pour branches et pour feuilles, et la *Mystique* pour fleurs et pour fruits d'incomparables douceurs, qui nourrissent l'âme et lui donnent la vie divine.

M. l'abbé Haclin suivait avec un grand intérêt le développement et le progrès de cette science à travers les âges. Il avait toujours soin de se tenir au courant de tout ce qui se publiait. Et, pour l'étude de la théologie morale, il suivait l'avis de saint Alphonse de Liguori, « qu'il ne faut jamais l'interrompre parce qu'elle renferme tant de choses diverses et si incohérentes entre elles, que beaucoup s'effacent de la mémoire, même quand on les a apprises, les cas où elles s'appliquent arrivant rarement.[1] »

Son grand soin était de demeurer toujours dans la saine doctrine. Et lui, qui avait eu Bailly pour manuel de théologie morale au Grand Séminaire,— on se souvient des doctrines jansénistes et galli-canes de cet auteur, — ne se ressentait nullement de cette formation première dans ses directions. Il est vrai que saint Alphonse de Liguori avait tou-jours été et demeura toujours son maître préféré.

---

1. *Homo apostolicus.* N° 100.

Les études *historiques* avaient un attrait tout particulier pour lui. Non seulement il étudie, mais il produit même. C'est ainsi que nous le voyons publier en 1872 sa notice sur Pierre Faroux, prêtre de la congrégation de la mission, vicaire apostolique d'Alger et de Tunis. Nous avons dit précédemment ce qu'était Pierre Faroux. La publication de cette notice fut accompagnée d'une lettre d'approbation très élogieuse de Mgr Boudinet, évêque d'Amiens.

En 1882, M. Haclin publiait une notice historique sur la paroisse de Morcourt, prévenant en cela les sages et légitimes désirs de son évêque[1]. Il avait trop remué sa paroisse de fond en comble pour n'en point écrire l'histoire. C'était pour lui un simple rassemblement de notes éparses. L'histoire de Morcourt était comme le fruit de son travail. Elle sortait naturellement de son esprit et de sa plume comme la fleur de sa tige.

M. Haclin travaillait et étudiait pour se tenir toujours au point avec la science contemporaine, aussi bien religieuse que profane, il en suivait tous les mouvements. Pour demeurer au courant des choses du monde de la pensée, de ce mouvement si

---

1. Mgr Dizien vient de faire une circulaire à ses curés pour les engager à s'occuper de l'histoire de leurs paroisses, et à publier même des monographies paroissiales.

curieux des esprits en ce moment où finit la période moderne et où se montrent déjà des orientations si nouvelles, il lisait régulièrement les revues les plus diverses et les plus sérieuses.

Tout lui servait pour son œuvre d'apostolat. C'est ce qui faisait qu'on le voyait toujours au courant du mouvement des esprits et des cœurs, et qu'il fondait des œuvres harmonisées avec les idées de son temps.

CHAPITRE XX

VIE DE PRIÈRES ET DE VERTUS

Vie de foi. — Portrait tracé par son Panégyriste. — Austérité. — Régularité. — Piété. —
Profond esprit de religion. — Impression
produite sur le peuple. — Une grande foi
produit une grande espérance. — Le ciel,
seule espérance de ses travaux. — Amour de
Dieu et du prochain. — Son obéissance.

CHAPITRE XX

VIE DE PRIÈRES ET DE VERTUS

LA vie de travail et d'étude que M. Haclin menait dans son presbytère était alimentée par de grandes vertus qui répandaient autour d'elles la bonne odeur de JÉSUS-CHRIST.

Et s'il parvint à cette perfection sacerdotale qui nous est un modèle à tous, l'honneur en est avant tout à cette vie du presbytère si pleine de foi et de régularité. Il aurait pu dire avec saint Gérard de Majella : « La foi est ma vie, et la vie pour moi, c'est la foi ». La foi était sa règle, il n'agissait que d'après ses lumières et ses inspirations. Et comme le disait le grand apôtre : « *Qui regulæ vivit in Deo vivit*, celui qui vit dans la règle, vit en DIEU » ; telle sera la base de cette vie du pieux Curé de Morcourt.

« Son presbytère est modeste, faisait fort judi-
» cieusement observer son panégyriste [1] au jour de
» ses funérailles, mais il sera le temple, le sanc-
» tuaire intime où il ne vivra que pour adorer

---

1. M. le Doyen de Bray-sur-Somme.

» DIEU en esprit et en vérité ; fidèle au règlement
» de son Séminaire, en tout temps, dans la saison
» des froids rigoureux aussi bien que dans les
» beaux jours de l'été, il sera debout chaque jour à
» cinq heures du matin, pour, dès son lever, dire
» au Seigneur avec le Psalmiste : « *Deus, Deus*
» *meus, ad te de luce vigilo.* Mon DIEU, je vous
» cherche dès le matin. » Prosterné en la présence
» du Seigneur devant le crucifix que nous remar-
» quions sur sa table de travail, lorsque nous arri-
» vions auprès de lui, il méditait dans son cœur les
» admirables ascensions qui le rapprochaient de
» DIEU, soit qu'il lui parlât dans le silence de l'orai-
» son ou dans la prière publique de l'office divin, soit
» qu'il ouvrît son cœur aux sublimes leçons des
» pieuses lectures ou des nobles et saintes études
» dont il nourrissait son âme et son intelligence.
» S'il m'était permis de révéler quelque chose de
» plus intime dans sa vie, je découvrirais peut-être
» de ces instruments de pénitence inconnus au
» monde, qui, tout en châtiant le corps, sanctifient
» l'âme et attirent sur le troupeau confié à la solli-
» citude de ce prêtre des grâces de préservation et
» de mystérieuse sainteté. »

Rien de plus vrai que ce témoignage rendu à
M. Haclin par son supérieur hiérarchique devant
la foule qui entourait son cercueil. Au Séminaire,
comme à Riencourt, comme à Morcourt, il fut
toujours l'homme de DIEU, austère, charitable,

régulier, pieux et tout apostolique ; le salut des âmes était le seul but de tous ses actes.

La mort a révélé le secret de ses austérités ; une ceinture de fer trouvée dans son secrétaire, et qui n'était pas, certes, un objet de parade, en est la preuve la plus authentique. Bien souvent son linge fut trouvé maculé de sang. Oh ! c'est que M. Haclin savait bien que la pénitence est une des nécessités de la vie de l'homme ; c'est en elle surtout que se développent les forces de la vie surnaturelle. Lamartine écrivait avec raison :

> Tu fais l'homme, ô douleur, oui l'homme tout entier,
> Comme le creuset l'or, et la flamme l'acier,
> Comme le grès noirci, des débris qu'il enlève
> En déchirant le fer, fait un tranchant au glaive ;
> Qui ne la connaît point, ne sait rien d'ici-bas.

Cette austérité ne transpira jamais au dehors.

L'abbé Haclin était également le type incarné de la régularité. Toute sa vie, jusqu'aux quinze derniers jours, fut celle du Séminaire. Il en conservait, du reste, pieusement le règlement : on l'a retrouvé intact et tout jauni dans son bureau. Tous les exercices de sa journée étaient de même. On peut dire qu'il est mort en récitant son bréviaire.

Pieux, ah ! il le fut, et dans la célébration de la Sainte Messe, et dans la récitation de son office et de son chapelet qu'il disait plusieurs fois le jour, et dans sa méditation, et dans sa lecture spirituelle, et dans toutes ses œuvres, alors même qu'elles concouraient d'une manière plus directe au bien matériel de ses paroissiens.

L'intérêt spirituel des âmes primait tout le reste, mais, pour atteindre ces âmes, il savait passer par les corps. Il fut apôtre avant tout, mais il ne négligeait rien pour faire réussir son apostolat. Toutes les qualités que DIEU lui avait données et qu'il avait pris à tâche de développer, il sut s'en servir admirablement.

De sa foi vive naissait le profond esprit de religion qu'on a toujours remarqué en lui. Il était tout pénétré de respect et d'amour pour DIEU, pour JÉSUS-CHRIST, pour l'Eglise et son chef visible sur la terre. Il aimait la beauté du culte catholique avec ses cérémonies et ses mystères, la pompe de ses solennités, la majesté de nos chants liturgiques ; il aimait les différentes manifestations de l'art chrétien qui offrent à la religion leurs charmes terrestres, il faisait plus que les aimer, nous l'avons vu, il les provoquait lui-même en les dirigeant ; en un mot, il affectionnait tout ce qui détache l'âme de la terre, la purifie, l'agrandit et l'élève jusqu'à DIEU.

Il aimait son église plus que sa maison, il l'aimait comme l'enfant aime la maison paternelle, l'oiseau son nid, l'exilé sa patrie. Nul plus que lui n'était épris des incomparables beautés du style gothique.

Ce style exerçait sur son esprit et sur son cœur je ne sais quel doux et puissant attrait qui l'aurait presque rendu injuste pour les autres. Son église était tout pour lui ; c'était la demeure du Maître bien-aimé. Aussi, chaque jour y passait-il de longues heures en prières et en méditation, surtout le soir. Comme l'auteur des harmonies, avec une religion bien autrement profonde, et une foi bien autrement vive, il était heureux de venir,

> Quand la dernière heure du jour
> A gémi dans les vastes tours
> . . . .
> Se glisser sous la voûte obscure,
> Et chercher, au moment où s'endort la nature,
> Celui qui veille toujours [1].

Ah ! c'est que son cœur était sans cesse tourné vers l'Ami divin qui a fixé sa tente parmi nous.

Et c'est là le secret de l'apostolat fécond et des grandes vertus de cet homme de DIEU.

---

1. Lamartine. *Hymne du soir dans les temples.*

C'est à l'église, en effet, que son peuple aimait à le voir. « Avez-vous remarqué, disait-on souvent, notre curé ; comme il prie avec ferveur ! comme il est pieux ! »

Il se dégage de la foule un sentiment pur et profond qui lui permet de savourer, comme une jouissance rare, les beautés morales de l'ordre le plus sévère et le plus élevé. Sous sa rude enveloppe, l'habitant des campagnes cache souvent un remarquable instinct d'observation et un tact d'une finesse singulière. Quand il s'agit d'apprécier un homme, il a son bon sens à lui, ses axiomes naïfs qui le trompent rarement. Il croit volontiers à la religion du prêtre, à la sincérité de sa vertu, quand il en a pour garant sa piété et son amour pour la prière. Il se fait de son curé un type moins effacé que celui que se font les gens du monde. Pour lui, le Prêtre est avant tout l'homme de DIEU, l'homme de l'intercession et du sacrifice. S'il se plaît à l'église plus qu'ailleurs, si l'ombre sérieuse du sanctuaire enveloppe sa vie, s'il aime à gémir entre le vestibule et l'autel, ses paroissiens se disent avec admiration : « Voilà mon pasteur qui s'acquitte en mon nom du grand devoir tant recommandé par JÉSUS-CHRIST ; voilà le véritable ami de ses frères, le prophète de DIEU, qui prie beaucoup pour le peuple confié à ses soins [1]. » Telle était bien sur ce point la pensée de M. Haclin. Il savait de saint Bernard que la prière vaut mieux encore que la parole et l'exemple.

Par la parole et par l'exemple, on plante, on arrose ; mais tout cela n'est rien, si DIEU ne donne l'accroissement. Or, c'est encore ce qu'on obtient par la prière. M. Haclin priait donc, non seulement en disant la Sainte Messe, et en récitant son bréviaire avec un soin particulier, mais il faisait encore de longues oraisons et de longues prières vocales. Il aurait pu dire à ses paroissiens ce que Samuel disait au peuple d'Israël : « Cesser de prier pour vous ? Que jamais il ne m'arrive de commettre un pareil péché ! [2] » Et en toute vérité il pouvait dire avec saint Augustin : « Nous les avertissons afin qu'ils se tiennent sur leurs gardes ; nous les instruisons afin qu'ils ne soient pas dans l'ignorance ; nous prions afin qu'ils se convertissent [3]. »

De quoi n'est pas capable un prêtre, un curé, qui prie, qui parle et qui prêche d'exemple ? Aussi comme le ministère de M. l'abbé Haclin fut fructueux !

Comme on le voit, la vie du pieux Curé de Morcourt fut une vie toute de foi, vivant en DIEU et pour DIEU.

« L'œil du monde ne voit pas plus loin que la

1. Malach., XII, 14.
2. Reg., XII, 25.
3. Serm. 31. *De Verb. apost.*

vie, l'œil du chrétien voit jusqu'au fond de l'éternité, » disait le saint Curé d'Ars. Aux clartés de sa foi vive et ardente, l'abbé Haclin semblait contempler les réalités invisibles ; on eût dit que, pour lui le voile qui les couvrait avait disparu.

« Une grande foi, observe judicieusement le R. P. Saint-Jure, produit, par une certaine nécessité morale, une grande espérance et une grande charité. » Vivant de la foi, l'abbé Haclin se confiait, et confiait le succès de toutes ses œuvres en la miséricorde divine, et n'aspirait qu'à la céleste patrie pour lui et ceux dont il était chargé. Il ne désirait qu'une chose en ce monde, connaître et suivre la volonté de Dieu.

Sa confiance en la divine Providence était sans limites. Il n'était pas de ces désespérés, qui, en voyant les maux qui nous désolent, poussent les hauts cris et proclament que tout est perdu. « Non, non, s'écriait-il souvent, tout ne peut pas être perdu. La France ne saurait cesser d'être la France. Elle a trop fait, et fait encore trop pour le Christ et son Église pour être rayée du cadre des nations. Je ne puis cesser d'espérer son salut. »

Les âmes, même les plus découragées, trouvaient en lui un soutien et un réconfort. C'était toujours la parole qui ranime, encourage et fait espérer.

Pour lui, il ne désire que le ciel. Les honneurs de la terre le touchent peu, non pas qu'il n'aime se voir entourer de respect et de vénération, il y était au contraire très sensible ; mais tout cela, dans sa pensée, n'était que pour honorer le caractère sacerdotal dont il était revêtu. Tout honneur qui paraissait lui être personnel, il le fuyait le plus qu'il le pouvait, et faisait tout son possible pour y échapper. C'est ainsi qu'un jour ses Supérieurs, voyant le bien qu'il faisait dans sa paroisse, lui proposèrent un champ plus vaste à ses travaux. Grand fut l'émoi du bon Curé de Morcourt qui ne désirait rien autre chose que ce qu'il avait. Il s'effraya des nouvelles charges qu'on voulait lui imposer, et sut si bien présenter ses respectueuses observations, que son évêque le laissa à sa chère paroisse de Morcourt. Il devait y mourir sans autre désir que le ciel. C'était la seule récompense qu'il ambitionnât, et la seule espérance de ses longs travaux.

On l'a vu plus haut, l'amour de DIEU que M. Haclin avait manifesté dès son enfance, ne fit que s'accroître pendant le cours de son séminaire et de

sa vie sacerdotale. Il pouvait dire en toute vérité
avec le poète [1] :

> C'est peu de croire en toi, bonté, beauté suprême !
> Je te cherche partout, j'aspire à toi, je t'aime !
> Mon âme est un rayon de lumière et d'amour
> Qui, du foyer divin détaché pour un jour,
> De désirs dévorants loin de toi consumée,
> Brûle de remonter à sa source enflammée.
> Je respire, je sens, je pense, j'aime en toi !

C'est à cette source de l'amour divin qu'il puisait
sa charité, son zèle, son dévouement pour le prochain, et cette aimable bonté qui le rendait si cher
à sa famille, à ses amis, à toutes ses connaissances.

Rien de plus agréable que les rapports qu'il avait
avec ses confrères et les personnes qui le fréquen-
taient. Il avait une table très hospitalière.

Elle était toujours la table du prêtre, de l'apôtre.
Elle servait parfois heureusement aux industries de
son zèle. Même là, c'était l'habile et heureux chas-
seur à l'affût des âmes à sauver, il y était vraiment le
venator animarum. « C'est ainsi, nous écrit une des
belles âmes qu'il avait paternellement dirigées, qu'un
jour, il avait fait organiser une chasse, pour réunir à
sa table deux chefs de famille opposée et même quelque peu ennemie, pour arriver à une réconciliation. »
Ce trait peint dans le vif la charité éclairée de M.
Haclin. Il savait se servir de toutes les occasions, et
même les provoquer, pour faire le bien.

---

1. Lamartine.

Son plaisir était de visiter de temps en temps ses
amis, et de passer avec eux de bonnes après-midi
en devisant de choses diverses, mais sans jamais
se laisser aller aux commérages. Il aimait à parler
des temps présents, avec leurs craintes et leurs
espérances. Il n'était point, contrairement à beaucoup de vieillards, et suivant la judicieuse remarque
d'Horace : *Laudator temporis acti* ; il ne se laissait
point aller au découragement.

Nous sommes sûr de n'être pas démenti, en affir-
mant que l'abbé Haclin ne manquait jamais volon-
tairement à la charité dans ses paroles. Jamais on ne
l'entendait dire du mal de qui que ce fût. Si parfois
on se permettait devant lui de légères médisances,
il excusait les défauts et les fautes d'autrui, ou bien
il gardait le silence. Ce n'est pas que, dans le feu de
la conversation, il n'aimât de ces saillies spirituelles
empreintes d'un certain sel gaulois, mais toujours
marquées au coin du bon goût et de la charité.

Sa charité se manifestait surtout par ses œuvres.
Toute sa vie n'en a été qu'une perpétuelle manifestation. En dehors des œuvres charitables établies
dans sa paroisse et dont il était le premier bienfaiteur, toutes les œuvres particulières qui venaient
frapper à sa porte étaient bien accueillies. Rien que
pour soutenir les œuvres de la bonne presse, il

Un Curé Picard.   20

donnait chaque année plusieurs centaines de francs.
C'était incontestablement énorme, pour le modeste
budget d'un pauvre curé de campagne. Et ce n'est
là qu'une seule œuvre.

La charité, oh ! il la faisait largement lui-même,
mais il ne s'en tenait pas là, il s'en faisait l'ardent
apôtre pour ses paroissiens. Aussi, comme il est
heureux lorsqu'une âme généreuse a répondu à son
appel ; c'est de toute l'effusion de son âme qu'il
témoigne sa reconnaissance pour le bienfait reçu.
On sent le père profondément touché de l'attention
délicate qu'on a eue pour ses enfants. Il écrivait à ce
sujet à une dame bienfaitrice. « Merci, merci mille
fois, Madame, de votre générosité envers mes bien-
aimés paroissiens ! Quoique vous ayez demeuré fort
peu de temps au milieu d'eux, cela vous a suffi pour
connaître leurs besoins, et, chaque mois, votre bienveillance ne se lasse pas de les soulager.

» A moi, Madame, la douce mission de vous
témoigner leur reconnaissance ! Soyez persuadée
que je suis ici l'interprète de leurs sentiments et
des miens. Et si, par hasard, quelques-uns venaient
à oublier la main qui a déjà répandu tant de bienfaits sur eux, ce ne saurait être le prêtre, le pasteur
de cette paroisse indigente, le père de ces malheu-
reuses familles. Plusieurs fois, Madame, je vous ai
dit en quoi consistait notre reconnaissance : elle est
en tout conforme à vos désirs. Vous n'exigez en
retour que des prières, un souvenir au saint sacrifice

de la messe. Je continue de demander au bon DIEU qu'il vous accorde la force et la résignation dans vos épreuves, la joie et la consolation au sein de votre famille.

» Nous marchons ici-bas dans un sentier fort étroit et fort escarpé, mais la foi nous éclaire, l'espérance nous anime, et la charité nous assure une récompense éternelle. »

On sent dans les lettres de M. Haclin un cœur de père, tout rempli d'amour et de reconnaissance pour le bien qui est fait à ses enfants les plus malheureux. Il est si heureux de les voir comblés de bienfaits !

Que dire de sa charité et de son dévouement auprès des malades, des infirmes ? Nous l'avons vu à l'œuvre à Riencourt-Oissy-Dreuil et à Morcourt. Il allait jusqu'à exposer sa vie.

Plus d'une fois il écrit pour relever les courages abattus et chancelants, à la vue de certaines défections. C'est toujours le même cœur qui parle, le même amour des âmes, la même reconnaissance, la même fidélité à ceux qui ont été ses enfants, on peut dire le même zèle et la même charité apostolique. Aussi, quand il écrivait : « La foi nous éclaire, l'espérance nous anime, et la charité nous assure une récompense éternelle, » il ne faisait en réalité que résumer toute sa vie, qui fut un perpétuel acte de foi, d'espérance et de charité.

Il n'est pas possible que nous passions sous silence la vertu d'obéissance qui était la base et le principe de toutes les actions de la vie de M. Haclin, car elle renferme en elle toutes les vertus et en est le splendide couronnement.

L'homme d'obéissance est par excellence l'homme de la foi vive et forte. Aussi, voit-on l'abbé Haclin adhérer à tous les mystères, accepter toutes les vérités, accomplir tous les préceptes, mettre ses délices à embrasser tous les conseils évangéliques, compatibles avec ses obligations et son état.

L'homme de l'obéissance est par excellence l'homme de l'espérance héroïque. Et chez M. l'abbé Haclin, toute son espérance, pour ne pas être trompée, se reposait sur DIEU.

L'homme d'obéissance est par excellence l'homme de la charité parfaite et du parfait amour. L'ardeur dont il brûle pour son DIEU le tourmente délicieusement, il n'y a pas de sacrifice qu'il ne soit prêt à accomplir pour lui, il se livre à lui tout entier, sans réserve, à la vie, à la mort. Toute la vie de M. Haclin nous a bien montré qu'il était cet homme.

L'homme d'obéissance est juste, tempérant, modeste, sage et prudent dans ses paroles, aimable dans ses rapports avec le prochain, affable avec ses inférieurs. Il honore chacun selon son rang ; il est doux ; il est pacifique ; il est le véritable enfant de la lumière, l'homme qui s'oublie lui-même pour faire la félicité de ses frères. Pour tous ceux qui ont connu

M. l'abbé Haclin, n'est-ce pas là son véritable portrait?

L'homme d'obéissance est un modèle irréprochable d'humilité. Il a toutes les déférences, toutes les soumissions pour la volonté de ses supérieurs, il abandonne sa volonté entre leurs mains, et se montre aussi docile à leurs ordres que l'eau du ruisseau à la direction du jardinier. Tel fut bien M. Haclin.

CHAPITRE XXI

LA FIN.

CHAPITRE XXI

LA FIN.

CETTE vie si sacerdotale et si apostolique de M. l'abbé Haclin était non seulement remarquée et bénie de DIEU, mais les hommes, qui en avaient ressenti les plus heureux effets, voulurent, eux aussi, lui en témoigner leur reconnaissance. Il y avait cinquante ans que M. Haclin avait reçu l'ordination sacerdotale ; il y avait cinquante ans qu'il répandait les bienfaits de son sacerdoce sur les âmes qui avaient été confiées à ses soins. Riencourt-Oissy-Dreuil en avaient bénéficié sept ans. Morcourt, plus heureux, avait recueilli pendant quarante trois années les bienfaits d'un dévouement qui ne s'était jamais lassé.

Aussi, de même que DIEU aimait à renouveler avec son peuple, tous les cinquante ans, une alliance qu'il avait scellée lui-même, et qu'on appelait *Jubilé;* ainsi la paroisse de Morcourt, les parents et les amis de M. Haclin, en voyant arriver la cinquantième année de son sacerdoce, voulurent-ils, eux aussi, célébrer cet heureux anniversaire par une fête solennelle. Ils eurent à cœur de dire leur reconnaissance, et d'offrir leurs vœux de bonheur à celui qui avait été le prêtre fidèle au Seigneur, le pasteur dévoué, et l'ami constant. Cette fête eut lieu le 31 Mai 1894.

Les annales de la paroisse de Morcourt ont enregistré cette date comme l'une des plus glorieuses de son histoire religieuse, et la fête des noces d'or du vénéré abbé Haclin restera comme la glorification du sacerdoce. Morcourt a prouvé magnifiquement, ce jour-là, non seulement son attachement sincère à l'excellent pasteur qui, depuis quarante-trois ans, se dévouait sans compter à tous les intérêts du peuple confié à sa garde, mais encore son profond esprit de foi par son élan magnanime pour rendre hommage au ministre du DIEU de paix.

Les noces d'or de M. l'abbé Haclin terminées, les cœurs de ses paroissiens et de ses amis lui gardèrent une religieuse et reconnaissante affection, qui le soutint jusqu'à la fin dans les travaux de son ministère si actif et si salutaire.

Aussi, le Curé de Morcourt, à soixante-quinze ans, ferme et beau vieillard, robuste comme les chênes, indulgent dans sa force, souriant dans sa sagesse, l'esprit au courant de tout, le cœur toujours ouvert, la main toujours tendue, l'âme toujours en haut, avec sa belle et sainte vieillesse couronnée de grâce, entourée de bénédictions, illuminée de clartés, escortée par la reconnaissance et le respect, pouvait dire, avec le vieux curé de Louis Veuillot, comme un hymne d'action de grâces et de fierté : « Je n'ai perdu aucun de ceux que DIEU m'a donnés ; j'ai reçu de DIEU cette faveur que tous sont morts dans sa miséricorde et dans sa paix. Jamais je n'ai quitté mes paroissiens que pour aller recevoir les ordres et les bénédictions de mon évêque ou me retremper quelques jours dans la retraite. Et je puis dire qu'alors je ne les quittais pas, puisque je ne cessais de prier. pour eux, demandant à DIEU de me rendre plus digne de les conduire.

» Je remercie DIEU, je le remercierai tous les jours de ma vie de m'avoir fait vivre dans ma maison basse, au pied de mon église. »

Et ce bon vieillard continuait de vivre.

Il sentait encore en lui assez de force, d'énergie et de courage pour poursuivre utilement l'œuvre de son saint apostolat. Rien ne se ralentit dans l'administration de sa paroisse. Il semble au contraire s'attacher à faire tout avec une plus grande perfection encore que par le passé. Il sent bien que, si les témoignages de reconnaissance qu'il a reçus ont été pour lui la cause d'une grande joie, ils étaient aussi un avertissement de la longueur du chemin parcouru et du but dont il se rapprochait. Aussi, l'intérêt spirituel de ses paroissiens l'absorbe-t-il tout entier. Il ne laissera passer aucune circonstance pour leur faire du bien et attirer sur eux les grâces du bon DIEU.

Il rêve encore, comme autrefois, de leur bonheur temporel et spirituel. Malgré tout ce qu'il a déjà fait, il voudrait encore faire davantage. Il se rend compte de l'excellence des nouvelles méthodes d'apostolat, du bien qu'elles peuvent faire. Il saisit très bien l'utilité de ces groupements : syndicats, caisses rurales, etc., qui entrent si bien dans l'esprit chrétien, et n'en sont au fond que la manifestation. Ils développent cette charité fraternelle, si oubliée de nos jours, et cependant si nécessaire. M. Haclin voit comment on peut infuser par là l'esprit chrétien à une société qui meurt de son éloignement progressif de Notre-Seigneur JÉSUS-CHRIST. Il demanderait à redevenir plus jeune pour travailler encore. Mais, hélas! nous disait-il comme dans une sorte de découragement : « Je suis trop vieux, à mon âge on ne peut plus entreprendre de nouvelles méthodes de travail. »

Toutefois, il ne s'efforce pas moins d'entretenir et de faire revivre cet esprit chrétien dans sa paroisse par tous les moyens qui sont à sa disposition.

Le 8 janvier 1896, le pape Léon XIII, sur la demande du cardinal Langénieux, archevêque de

Reims, accordait à la France un jubilé extraordinaire à l'occasion du XIVme centenaire du baptême
de Clovis, 25 Décembre 496. Le Curé de Morcourt
ne voulut point priver sa paroisse de ce bienfait
insigne. Ce Jubilé entrait trop dans ses idées pour
ne point lui donner toute la solennité possible. Un
triduum de prédication eut lieu du 11 au 15
Novembre.

Vers la même époque, il établit dans sa paroisse
l'œuvre *du Pain de saint Antoine.*

En 1899, malgré les fatigues qu'il puisse en
éprouver, il reçoit son Évêque avec bonheur, en
s'écriant : « *Non recuso laborem,* je ne refuse point
le travail. »

L'année suivante, il organise une magnifique
cérémonie pour la bénédiction d'un nouveau cime-
tière.

✠

Le XIXe siècle venait de finir, et à cette occasion
Léon XIII avait publié un jubilé pour l'Église
universelle.

Le vénérable Curé de Morcourt, malgré son grand
âge et les fatigues que les exercices du jubilé pussent lui occasionner, songea aussitôt à en faire
bénéficier ses paroissiens dans la plus large mesure
possible. C'était tout d'abord l'ordre du Pape, et cela
était plus que suffisant pour agir ; mais il sentait aussi
que le bien et la sanctification des âmes en ressorti-

raient grandement et que, de plus, ce jubilé apporterait à la société tout entière ses bienfaits. Ne semblait-il pas placé au seuil d'un âge nouveau pour abriter l'avenir de ses grâces et de ses espérances ?

Pour réaliser tout cela, M. l'abbé Haclin ne crut pas devoir trop faire que d'annoncer à sa paroisse l'ouverture d'une mission. Elle eut lieu dans le courant du mois de juillet 1901. Elle fut fort bien suivie, et couronnée d'un succès consolant. C'était pour M. Haclin la dernière grande grâce qu'il procurait à sa paroisse. On eût dit qu'il en avait comme le pressentiment ; car il prend soin de dresser le tableau des missions qui ont été données durant les cinquante-deux années de son ministère à Morcourt. Elles se succèdent à peu près tous les dix ans, c'était du reste la règle qu'il s'était imposée. Elles sont comme une revue de son troupeau qui lui en indique l'état sanitaire. Et, heureux pasteur ! il peut comparer, sans trembler, les résultats de la première mission qu'il a fait donner en 1855, avec la dernière qui eut lieu en 1901 ; son cœur n'a pas à s'attrister. Les défections n'apparaissent pas, au contraire. Les chiffres ont ici leur éloquence. Dans la mission de 1855, il y eut 300 communions sur 692 habitants ; dans celle de 1901, il y eut 220 communions sur 451 habitants. Il y avait donc un progrès sensible dans la dernière mission. Preuve manifeste que la foi n'avait pas faibli dans sa paroisse sous son

administration. Preuve également éclatante du succès de la méthode de son apostolat.

La glace des ans ne paralysait en rien l'ardeur
et le zèle de M. l'abbé Haclin. Jusqu'au bout, il sut
maintenir sa paroisse dans le chemin du devoir. Et
alors que partout ailleurs l'impiété et l'indifférence
faisaient tant de ravages, Morcourt, grâce au zèle et
à la vigilance de son curé, restait à l'abri de leurs
attaques empoisonnées.

Cependant, dans les dernières années de sa vie,
le bon DIEU semble vouloir détacher de plus en
plus ce saint prêtre des choses de ce monde.

C'est son cœur qu'il commença à briser, et ses
dernières années ont été abreuvées par bien des
tristesses et de bien dures séparations.

En 1897, il perdit un de ses vénérables confrères
qu'il aimait et estimait le plus, il lui avait donné
toute sa confiance. Ensemble ils avaient longtemps partagé les mêmes joies et les mêmes
peines. Nous voulons parler de M. l'abbé Vézier,
curé de Chipilly. Il mourut le 3 février 1897, il était
resté cinquante-neuf ans curé de cette paroisse,
l'édifiant par sa vie toute de prière et de régularité.
Ce fut pour M. l'abbé Haclin une séparation bien
pénible.

Mais le bon DIEU se réservait de mettre encore

sa vertu à une plus grande épreuve. Le jour même des funérailles de M. l'abbé Vézier, la mort frappait inopinément sa chère nièce. C'était pour son cœur une blessure bien profonde. Il affectionnait cette nièce comme un père son enfant. Sa foi profonde ne faiblit pas cependant. Son âme se détachait de plus en plus des créatures pour se retourner entièrement vers le Créateur.

Deux ans après, son affection était de nouveau jetée dans le creuset des dures séparations par la tragique et accidentelle mort d'un arrière-petit-neveu, qui jetait un deuil inoubliable dans la famille entière. Pour M. Haclin c'était une nouvelle occasion de se retourner vers Dieu, et de lui dire : « Que votre sainte volonté soit faite, vous seul êtes tout ! »

Le 11 octobre 1900, la mort venait encore briser son cœur. M. Haclin avait la douleur de perdre son vénérable frère, Charles-Aimé-François, âgé de quatre-vingts ans. Dix ans auparavant, la femme de ce frère bien-aimé avait été enlevée à l'affection des siens. Il avait pour elle une particulière vénération.

Cependant le vénérable Curé de Morcourt pensait plus que jamais à son éternité ; toutes ces morts étaient pour lui une grande leçon, et il se préparait chaque jour davantage à sa fin dernière, à ce point que ses paroissiens en faisaient la remarque.

Depuis déjà plusieurs années du reste, à cette

intention, il avait fait à Morcourt et à Maucourt, son pays natal, une fondation de six messes basses à dire annuellement à perpétuité, dans chaque église.

On pouvait vraiment dire de lui avec nos Saints Livres : « *Qui sanctus est sanctificetur adhuc, qui perfectus est perficetur adhuc ;* que celui qui est saint se sanctifie encore davantage, que celui qui est parfait se perfectionne plus encore. »

C'était sa pensée et sa pratique quotidienne. On remarquait chez lui une régularité plus stricte, une piété plus douce, une bonté plus affectueuse, une charité plus grande. Sur la fin de sa vie, il donnait encore plus volontiers, son désir était de mourir vraiment pauvre.

On dirait que Louis Veuillot avait devant les yeux la noble figure du vénérable Curé de Morcourt lorsque, de sa plume enchanteresse, il trace le tableau d'un vieux curé de campagne qui, sur le bord de sa tombe, repasse ses jours passés, et se réjouissant dans l'espérance de la récompense promise à ses bienfaits, s'écrie : « J'ai tenu ma fenêtre ouverte pour voir mes voisins et pour être vu. J'ai tenu ma porte ouverte nuit et jour. Jamais la tristesse et le malheur ne sont entrés que pour être consolés, jamais le crime n'est entré que pour se repentir. Que d'amis chers ont franchi cet humble seuil ; que de riches cœurs ont contenus ces murs ; que ma table a vu d'aimables festins !

» Mes meubles sont ceux que j'avais, il y a près de soixante ans. Ma robe vieillie et mon étole dédorée, je les emporterai dans la tombe ; mon âme s'échappera et s'en ira vers DIEU.

» Et, lorsqu'au jour des suprêmes justices, la voix de l'ange retentira ; lorsque la voix du héraut de DIEU, réveillant tous les morts, leur dira : Debout ! ma pauvre étole usée lancera d'éternels rayons. »

L'année 1903 venait de s'ouvrir, et le bon Curé de Morcourt avait reçu avec joie les meilleurs souhaits de longue vie et de santé de la part de ses paroissiens et de ses confrères.

Dans le courant de janvier, il avait rendu visite à tous ses paroissiens pour leur offrir ses vœux, et faire la recette des places d'église par un froid glacial. Cependant, les premiers jours de février, il se sentit plus fatigué qu'à l'ordinaire. Mais il ne ralentissait en rien l'œuvre de son ministère. Il mettait avec grand soin tous ses comptes en règle.

Le dimanche 25 janvier, il se sentit, après la Grand' Messe, plus fatigué que d'habitude, mais ceci ne l'empêcha point de chanter les vêpres. Il crut cependant devoir supprimer le salut, et se contenta de donner la bénédiction du Saint-Sacrement à l'issue des vêpres. Il semble qu'il eut là le pressentiment de sa fin prochaine, et que c'était la

M. L'ABBÉ HACLIN

O mes frères, aimez-vous les uns les autres, c'est la grande recommandation du divin Maître.

(Dernière recommandation de M. Haclin à ses paroissiens.)

dernière fois qu'il se trouvait réuni avec ses paroissiens ; affaissé dans sa stalle, à la fin de l'office, il se
retourna vers les fidèles, et leur dit, comme saint
Jean d'une voix tout affaiblie : « Mes chers enfants,
je sens mes forces qui s'en vont, je ne puis plus
que vous répéter cette parole du divin Maître :
Aimez-vous les uns les autres. » C'était sa dernière
instruction, son testament spirituel bien digne de sa
grande âme d'apôtre.

M. Haclin dit encore la messe, quoique très
souffrant, les lundi, mardi et mercredi. Le 28 janvier devait être le jour qu'il dirait sa dernière
messe. Il y eut dans son état des alternatives de
moins bien et de mieux ; mais jusqu'à la fin il conserva toute sa lucidité d'esprit. Il profita de ces
quelques jours pour donner ses indications sur son
administration. Tout était en règle, la mort pouvait
venir. Il continuait comme à l'ordinaire la récitation
de son bréviaire et ses exercices de piété. Mais il
ne se faisait point d'illusion sur son état.

Au bout de quinze jours, la maladie avait fait son
œuvre : M. l'abbé Haclin se mourait d'épuisement.
Sentant sa fin approcher, il demanda lui-même les
derniers Sacrements, et en fixa le jour et l'heure, de
manière que toute sa famille, ses paroissiens et ses
confrères pussent assister à cette cérémonie. Amant

passionné de l'autorité, « c'est à l'autorité hiérarchique », ce sont ses propres paroles, qu'il veut se
confesser pour la dernière fois. Elle représente pour
lui l'Évêque, le Pape, Notre-Seigneur JÉSUS-CHRIST.
Dans sa pensée, par cet acte, il renouvelait publique-
ment sa profession de foi. Ce n'était du reste que
l'expression de son testament mystique, ainsi for-
mulé : « Au nom du Père et du Fils et du Saint-
Esprit : Je remercie DIEU de m'avoir fait naître de
parents chrétiens qui m'ont appris de bonne heure
les vérités de la Religion. Je les ai toujours crues,
et ne cesserai de les croire jusqu'à mon dernier
soupir. Je déclare donc que je veux mourir dans le
sein de l'Église catholique, apostolique et romaine,
et dans une entière soumission au Souverain Pontife. Quand sonnera ma dernière heure, je prie DIEU,
par les mérites de son Fils adorable, par l'intercession de la Sainte Vierge que j'ai toujours invoquée
avec une grande confiance, des Anges et des Saints,
d'oublier mes péchés, de recevoir mon âme dans le
sein de sa miséricorde.

» Je pardonne volontiers aux personnes qui
m'auraient fait de la peine, et je sollicite le pardon
de celles que j'aurais pu offenser ou mal édifier.

» Je souhaite que mes paroissiens se souviennent
de moi dans leurs prières. »

On est au mercredi 11 février ; l'heure de recevoir
les derniers sacrements avait été fixée à trois heures
de l'après-midi ; rien n'avait été laissé à l'imprévu,

tout était réglé comme sa vie ; jusqu'à la fin on eût dit que le bon DIEU ratifiait tout. Les cloches se mettent en branle pour annoncer à la paroisse entière qu'une dernière fois le DIEU de l'Eucharistie va visiter son prêtre fidèle. Couché sur un lit de douleur, elle sera pour lui un soutien et un réconfort ; elle lui sera un généreux viatique dans la grande route de l'Éternité, vers laquelle il s'achemine à pas de géant. Il recevra en même temps le sacrement qui fortifie et encourage les malades en les purifiant de leurs dernières souillures.

Oh ! que ce tintement des cloches a quelque chose de triste et de solennel ! Un frisson d'angoisse et presque d'épouvante vous saisit. Quelle prédication ! Quelles salutaires pensées il inspire ! Comme on demandait au vénérable malade s'il désirait qu'on tintât les cloches ? « Comment ! dit-il, mais certainement, il faut que toute la paroisse s'unisse à nous, et prie avec nous. » On le voit, le Curé de Morcourt sera apôtre jusqu'à la fin, il veut que sa mort même soit une prédication.

Il reçut les derniers sacrements avec la plus grande piété et la plus grande édification. Lui-même répondait à toutes les prières. Quel silence ! Quel recueillement ! On n'osait pleurer tant la physionomie pleine de joie du cher malade respirait de paix et de bonheur.

Jusque-là le mal ne l'avait pas trop fait souffrir, mais le lendemain, 12 février, il s'aggrava rapidement. Toute la matinée fut pour lui une matinée de dures et terribles souffrances. « Je ne savais pas, nous disait-il, qu'il fallait tant souffrir pour mourir. »

« Mon DIEU, répétait-il ensuite, je vous offre toutes ces souffrances pour l'expiation de mes péchés. »

« Mon JÉSUS, miséricorde ! Marie, soyez mon refuge ! Saint Joseph, soyez mon soutien ! etc., etc. » Telles étaient les invocations qui revenaient continuellement sur ses lèvres. A tous ceux qui l'entouraient, à sa famille en particulier, il faisait ses dernières recommandations. Mais il était dit que la règle, qui avait été toute sa vie, ne le quitterait qu'avec la vie pour le mener à DIEU. C'était bien dans toute sa réalité la confirmation de cette maxime de saint Paul : « *Qui regulæ vivit in Deo vivit*, qui vit dans la règle, vit en DIEU. » Et, en effet, il mourra après avoir rempli tous ses devoirs de Prêtre. C'est après s'être uni à nous d'intention pour réciter les Vêpres, achever son chapelet et dire les Complies, qu'il ferme les yeux en disant : « Merci. » Son âme quittait la terre et s'acheminait vers le Ciel. Il était trois heures de l'après-midi. Consolant rapprochement avec l'heure de la mort du divin Maître. Il avait tant de fois salué le trépas de ce divin Sauveur par la récitation des cinq *Pater* et cinq *Ave*, le vendredi à trois heures, qu'il semblait en recevoir manifestement la récompense.

Non, jamais, quand on en a été l'heureux témoin, on n'oublie une telle mort ! Les larmes coulent, mais si paisiblement qu'elles répandent sur votre âme une paix tranquille. Quelles douces et saintes consolations pour sa chrétienne famille ! Il est parti en la bénissant, en bénissant sa pieuse nièce qui l'encourageait dans ses souffrances par de saintes et brûlantes invocations ; elle le suppliait encore de prier au Ciel pour que ses chers enfants soient toujours de fervents chrétiens, comme lui avait été un saint prêtre.

Il avait quatre-vingt-quatre ans.

Il semble que le bon DIEU ait voulu honorer déjà la dépouille mortelle de M. l'abbé Haclin en ce monde. Du jeudi 12 février, trois heures d'après-midi, heure de sa mort, au lundi matin 16 février qu'elle a reposé sur son lit de parade, on eût dit un véritable sommeil qui se prolongeait, sans aucune altération dans les traits. Enfin,

> De son pieux espoir son front gardait la trace,
> Et sur ses traits, frappés d'une auguste beauté,
> La douleur fugitive avait empreint sa grâce,
>   La mort sa divine majesté [1].

On regrettait presque de le voir enfermer dans le cercueil. Mais il était bien mort. Que de regrets il laisse chez les siens, parmi ses confrères, et dans sa paroisse tant aimée ! Il faut dire que jusqu'au

---

1. Lamartine, *Le Crucifix*.

dernier moment, malgré son grand âge, rien n'a souffert dans cette paroisse, car il avait conservé la lucidité de son intelligence et l'énergie de sa volonté.

« Aussi, dit le *Dimanche*, les funérailles de M. l'abbé Haclin offrirent-elles le spectacle d'un véritable triomphe. C'était le dernier merci, la dernière ovation de cœurs vraiment reconnaissants.

» C'était tout un peuple qui se levait, c'était une multitude qui venait de tous les coins de l'horizon pour proclamer le zèle, les vertus, les bienfaits d'un pasteur aimé, dont le souvenir sera loin de s'effacer. »

Les restes de M. l'abbé Haclin transportés à Maucourt, son pays natal, y ont été inhumés dans la sépulture de famille, en présence de toute une population en deuil.

Un grand nombre de journaux catholiques du département : le *Dimanche*, la *Chronique Picarde de la Croix*, la *Somme Hebdomadaire*, l'*Action sociale*, le *Journal de Péronne* ont parlé de la vie, de la mort et des funérailles de M. l'abbé Haclin en termes très élogieux.

La Chronique Picarde, sous ce titre « Un précurseur », dit : « Il fut un précurseur ; il réalisa à la lettre cette parole bien longtemps avant qu'elle fût dite par Léon XIII, parce qu'elle n'est que la reproduction de la parole du Sauveur : « Allez au peuple ». Il y alla pendant les cinquante-neuf années de sa vie sacerdotale. Il appliqua dans toute sa réalité cet axiome dont on fait parfois grief aux prêtres *démocrates*, comme si le prêtre n'était pas l'homme du peuple par excellence, sans cesser pour cela d'être l'homme de DIEU : « C'est par les corps qu'il faut passer pour atteindre les âmes. » Le Curé de Morcourt fut encore un modèle et un précurseur sur ce point. » Puis le journal retrace les travaux que nous connaissons. « En un mot, dit-il en terminant son article, la mort, en frappant M. l'abbé Haclin, fait disparaître une des plus belles figures sacerdotales du clergé picard, dont l'austé-rité et la pénitence allaient jusqu'à l'effusion du sang. »

Le secrétaire de l'association amicale des anciens élèves du Petit Séminaire de Saint-Riquier, dont M. Haclin faisait partie, fit ainsi son éloge à la réunion annuelle : « La vie longue et fertile de ce bon prêtre ne saurait tenir en ces quelques lignes : Régulier, pieux, historien érudit, administrateur modèle, il fut la Providence de sa paroisse, dans laquelle il exerçait une influence énorme ; se pliant facilement aux idées nouvelles, quand, avec son coup d'œil, il les jugeait bonnes ; il vint à nous l'un des premiers. Le meilleur éloge que nous puissions faire de notre vieux camarade, c'est de redire ses dernières paroles : « Mes chers enfants, je sens mes forces qui s'en vont, je ne puis plus que vous répéter cette parole du divin Maître : « Aimez-vous les uns les autres ».

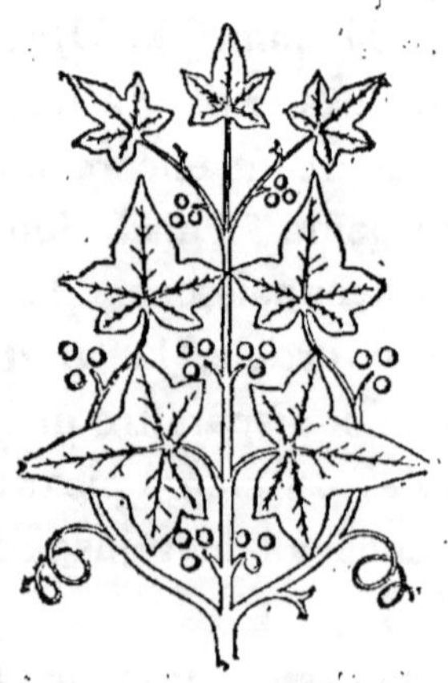

CONCLUSION.

CONCLUSION.

LE Dimanche écrivait à l'occasion de la mort de
M. l'abbé Haclin : « Plus de cinquante ans
avant la parole de Léon XIII : « Allez au peuple »,
il l'avait entièrement réalisée. Et ce beau vieillard
étonnait par la rectitude de son jugement, la péné-
tration de son esprit et la profondeur de ses vues.
On peut dire que, jusqu'à sa dernière heure, à quatre-vingt-quatre ans, il était resté le prêtre de son
siècle. Il avait monté avec lui, il l'observait dans ses
ascensions et ses décadences ; appuyé sur les vrais
principes, il jugeait, approuvait, condamnait, et se
mettait en contact avec lui pour le rendre meilleur.
D'où lui venait cette sûreté de coup d'œil, cette fer-
meté dans la marche en avant ? De deux choses, de
son esprit d'observation des hommes et des choses,
et de ce que sans cesse il avait le regard tourné vers
la lumière, vers le Pape. Pie IX parlait, Léon XIII
parlait, peu importent ses idées personnelles ; aussitôt il s'inclinait amoureusement ; car il avait un culte
et un amour profond pour le Pape ; ses conseils
étaient des ordres et il marchait de l'avant. »

M. l'abbé Haclin naquit à une époque de restauration de toutes choses. Il vit dans sa première jeunesse relever les ruines de la Révolution. De 1820 à

1830, ce sont les dernières luttes du Gallicanisme
qui se meurt, et du Jansénisme qui disparaît de plus
en plus sous les coups de Joseph de Maistre et de
Lamennais. Pendant ses années du Petit Séminaire,
il a entendu l'écho des grandes luttes pour la
Liberté, qui se poursuivent depuis la première
bataille livrée par Lamennais, sous l'inspiration des
Évêques et la brillante direction de Montalembert
et de Lacordaire, et qui devait se terminer, suivant
la prédiction de Lacordaire, par la grande victoire
de 1850.

⳥

Plus tard, avec plus d'intérêt encore, il assiste fré-
missant avec le reste du monde aux luttes oratoires
de ces deux intrépides champions, qui feront retentir successivement la chaire, la tribune, le barreau,
les feuilles publiques de leurs cris de réveil et de
triomphe catholiques.

C'était aussi le moment où le journal l'*Univers*
entrait en ligne avec un nouveau chef. A côté de
Montalembert, la grande parole, venait se ranger
Louis Veuillot, la vaillante plume.

Les évêques soutenaient ces hardis lutteurs ; à
leur tête marchait Mgr Parisis, qui n'avait pas
craint de crier haut dans deux lettres publiques
à Montalembert hésitant, — parce que compromis
dans les affaires du journal l'*Avenir* — : « Persévérez,
Monsieur le Comte, dans la voie où vous êtes coura-

geusement entré.... Vous êtes tout ensemble le centre et l'âme de l'action catholique dans toute la France. »

Cette action en effet, le grand catholique la poussait avec une ardeur toute chevaleresque et clairvoyante.

« Tout d'abord, disait-il, soyons les amis loyaux du gouvernement établi. — Désormais, dans la vie sociale et politique, être catholique ne veut plus dire rester en dehors de tout, se donner le moins de mal possible et se confier à DIEU pour tout le reste. Trop longtemps les catholiques français ont pris l'habitude de compter sur tout, excepté sur euxmêmes.... Au lieu de continuer d'être catholiques après tout, qu'ils soient catholiques *avant tout.* »

C'était justement alors que, dans son mémorable discours sur la « Vocation de la Nation française », Lacordaire montrait DIEU à l'œuvre, se suscitant dans l'Église de France la triple armée de la Charité, de la Prière et du Martyre.

Avec Ozanam, en effet, et la fondation des conférences de Saint-Vincent de Paul, la charité prenait un développement extraordinaire, et son courant allait se faire sentir dans la France entière, en particulier par la création des Bureaux de Bienfaisance dans un grand nombre de villages, sur l'initiative du clergé ; par des œuvres même matérielles, qui allaient droit au cœur du peuple, parce qu'il y trouvait un peu de soulagement et de bien-être, et qu'elles étaient une preuve, comme disait Ozanam, « de la vitalité de notre foi ».

Un grand mouvement de prières et de piété avait également pris naissance. Ce mouvement souleva les âmes, longtemps dépossédées de l'aliment surnaturel dont elles avaient faim et soif. Une dernière ombre de Jansénisme laissait encore, à cet égard, du froid sur l'austère et rigide piété de quelques-uns des hommes antiques qui gouvernaient alors l'Église de France. La dévotion à la Croix a reçu une vive impulsion de l'apparition de la croix de Migné en 1827. On voit partout se reconstituer les Confréries pieuses. Le culte du Sacré-Cœur, celui de l'Immaculée-Conception de Marie trouvent des zélateurs ardents. Tout ce siècle sera éclairé, échauffé, vivifié.

Un grand mouvement de missions à l'intérieur et à l'extérieur, pour la conservation et l'extension de la Religion, se produisait aussi, et donnait naissance aux admirables œuvres de la Propagation de la Foi, de la Sainte-Enfance, de Saint-François de Sales, etc., qui devaient le soutenir et le développer.

Une des gloires de l'Église de France au XIXme siècle fut d'avoir accompli dans l'architecture religieuse, la Liturgie, le Chant sacré, une réformation et une transformation qu'elle tient à bon droit comme une renaissance de son culte. Ce mouvement est encore dû à la grande école catholique, avec Viollet-le-Duc, et Dom Guéranger, etc.

Mais, ce qui frappe incontestablement le plus, et qui, on peut le dire, a été la cause et le soutien de ce magnifique élan catholique dans cette première moitié du XIXme siècle, ce fut ce mouvement de retour vers l'*unité romaine*, créé par cette vaillante cohorte de jeunes catholiques. C'était à Rome seule que Lacordaire avec ses amis reconnaissait le droit de les condamner et de les absoudre, lorsqu'il s'écriait dans une confiance toute filiale : « Nous porterons, pieds nus, s'il le faut, notre protestation à la ville des apôtres, aux marches de la Confession de Saint-Pierre, et on verra qui arrêtera sur la route les pèlerins de DIEU et de la Liberté! » Ce fut DIEU lui-même par la bouche du Pape. « L'union, l'obéissance, le respect : l'union avec le Pape, l'obéissance aux Évêques, le respect des Puissances, telle est, disait Grégoire XVI, dans son Encyclique *Mirari vos* de 1832, la seule base solide, traditionnelle, sur laquelle les catholiques de France devaient songer à asseoir chez eux l'édifice de l'avenir. »

DIEU avait fait son œuvre, l'orgueil de l'homme fit la sienne. Lamennais succomba, mais ses deux principaux disciples, comprenant cette admirable direction du Pape qui est celle de tous les temps, humilièrent leur front l'un après l'autre, puis ils le relevèrent plus fort sous la bénédiction de DIEU et de son Pontife. Leurs compagnons d'armes firent de même. Dès lors, l'élan vers l'unité romaine était donné, il allait grandir et assurer le succès de la cause catholique et de la Liberté. Et, selon la prédiction de l'abbé Lacordaire, cette conquête marqua exactement le milieu du XIXe siècle. Elle en est le point culminant. Dans la suite, on ne retrouvera plus ni cet élan, ni cette union ; mais cependant, il faut reconnaître que, si les hommes de génie imprimèrent le mouvement, les hommes de la pratique surent coordonner ce mouvement, en impressionner le peuple, et lui donner cette popularité que nous retrouvons dans la seconde moitié du XIXme siècle.

Il faut dire qu'ici M. l'abbé Haclin fut un de ces hommes dans les milieux qu'il traversa. Car il avait été vivement impressionné par tout ce qu'il avait vu et entendu dans sa jeunesse, et enthousiasmé par l'avenir brillant qui se dévoilait à ses yeux pour la cause catholique.

Les débuts de son ministère sont des plus heureux. Nommé en 1844 curé de Riencourt-Oissy, nous le voyons là, pendant les sept années qu'il y passe, décrire, par les œuvres qu'il y fonde, le cadre de toute sa vie sacerdotale ; à ce point que les cinquante-deux années de son ministère à Morcourt ne seront, en quelque sorte, que la copie développée de son passage dans la paroisse de Riencourt-Oissy.

Organisation paroissiale, restauration bien comprise des édifices religieux, réforme de la Liturgie et du Chant sacré, missions, œuvres de piété, œuvres de bienfaisance, œuvres sociales, habile, administration, M. l'abbé Haclin sut tout mettre en mouvement pour créer, dans ces paroisses, cette vitalité catholique qui animait la France entière. Il savait même, à l'occasion, rapprocher, comparer cet esprit de vitalité catholique, sociale, religieuse, morale et intellectuelle de notre pays avec les pays étrangers. Son esprit généralisateur s'y prêtait fort bien. Un rapport fait à son évêque sur l'occupation prussienne en 1870, nous en fournit une preuve frappante.

❋

Comprend-on maintenant comment M. l'abbé Haclin fut véritablement le prêtre de son siècle ? il suivait toutes les heureuses inspirations et les fortes impulsions. Il affectionnait d'une manière particulière les journaux catholiques, qui patronnaient ces généreuses idées d'apostolat sous l'habile et féconde direction du Pape et des évêques. *L'Univers* fut toute sa vie son journal préféré, parce qu'il se montrait le plus fidèle, le plus docile aux directions pontificales. Le Pape était pour lui le phare qui éclaire, le pilote qui dirige la barque de Pierre au milieu de l'océan orageux de ce monde, à travers les écueils et les récifs, et il se laissait conduire tranquillement au port.

De cette vue d'ensemble il est juste, croyons-nous, de conclure que M. l'abbé Haclin fut vraiment pour les paroisses qui lui ont été confiées l'homme de son siècle.

Administrateur éclairé, il sait toujours mettre son administration en harmonie avec la législation religieuse et civile.

Restaurateur intelligent, il sait rendre à sa vieille église ce cachet antique, réclamé par une sage renaissance des règles de l'architecture.

A l'unité de l'art religieux, il joint l'unité des règles liturgiques. Il suit le grand mouvement qui dirige le monde catholique vers l'unité romaine.

Profondément pénétré de l'esprit d'apostolat qui anime les grandes intelligences de son siècle, il entrevoit avec elles les vastes horizons qui ouvrent un champ immense au zèle des apôtres du CHRIST. Il suit avec enthousiasme l'impulsion qu'elles impriment. Toutes les grandes œuvres de foi auront leur rayonnement dans sa paroisse.

Le grand courant qui entraîne les esprits et les cœurs vers les œuvres charitables et sociales, il le dirigera, le canalisera admirablement dans sa paroisse.

Toutes les Instructions et Directions pontificales trouveront en lui plus qu'un admirateur soumis, mais un apôtre zélé. M. l'abbé Haclin fut en un mot le curé de son siècle.

Enfin, la conclusion dernière qui ressort de cette vie d'*Un Curé Picard au XIXe siècle* est celle-ci : Elle résume admirablement les aspirations religieuses et sociales de ce siècle. C'est en les réalisant dans des œuvres multiples que les circonstances lui suggéraient, pour le bien spirituel et matériel de ses paroissiens, que M. l'abbé Haclin conserva à Morcourt cet esprit de foi qui caractérise ses habitants.

C'est aussi par là qu'il s'impose à l'admiration et à l'imitation de tous.

TABLE DES MATIÈRES.

I
PÉRIODE DE FORMATION.

CHAPITRE I.
Sa Famille.

CHAPITRE II.
L'Enfance.

CHAPITRE III.
Petit Séminaire.

CHAPITRE IV.
Grand Séminaire.

CHAPITRE V.
Premiers essais de Ministère paroissial.

CHAPITRE XVI.

Établissement d'un Bureau de Bienfaisance.

CHAPITRE XVII.

Jardins ouvriers. — Œuvres charitables.

CHAPITRE XVIII.

Travaux communaux.

LIVRE V.
L'HOMME DU PRESBYTÈRE.

CHAPITRE XIX.
VIE DE TRAVAIL ET D'ÉTUDE.

CHAPITRE XX.
VIE DE PRIÈRES ET DE VERTUS.

CHAPITRE XXI.
LA FIN.

CONCLUSION.

ERRATUM : Page 101, 10e ligne, au lieu de : " Nous pouvons encore moins le présenter ", lire : " Nous pouvons encore moins nous le représenter ".

9 782329 091754